W0033238

WILLIAMS-SONOMA

DIE KOCHSCHULE

Saucen
Vinaigretten & Pesto

Autor
RICK RODGERS

Chefredakteur
CHUCK WILLIAMS

Bilder
MARK THOMAS

Bassermann

Inhalt

Saucen, Vinaigretten & Pesto ist ein umfassender Kochkurs in Buchform. Vom einfachen Grundrezept bis zur anspruchsvollen Sauce wird die Zubereitung Schritt für Schritt erklärt und mit zahlreichen Bildern veranschaulicht.

Viele Gerichte kann man sich ohne eine Sauce gar nicht vorstellen. Saucen können Gerichten sehr unterschiedliche Akzente verleihen. Sich mit Saucen auszukennen, ist eine Voraussetzung dafür, richtig schmackhaft zu kochen. Manche Saucen müssen einige Zeit vor dem Servieren zubereitet werden, damit sich die einzelnen Aromen gut verbinden können. Andere hingegen sollten unmittelbar vor dem Servieren zubereitet werden, um zu vermeiden, dass sich die einzelnen Bestandteile wieder trennen. Bei einigen Saucenklassikern bildet der Garsud der Speisen die Basis, bei anderen sind Eier und Milchprodukte die Hauptzutaten. Wenn Sie die vielfältigen Rezepte dieses Buches ausprobiert haben, verfügen Sie über reichlich Erfahrung in der Zubereitung verschiedener Saucentypen und können im Handumdrehen zu jedem Menü die passende Sauce kreieren.

Dieses Buch bietet Ihnen alles, was Sie über Saucen und ihre Zubereitung wissen sollten. Das erste Kapitel gibt Ihnen einen Überblick über die verschiedenen Saucentypen, von Klassikern wie der Béchamelsauce bis zu modernen Grillsaucen. Dort finden Sie alles über Küchenutensilien, Zutaten, Zubereitungsarten und das richtige Würzen sowie Servieren von Saucen. Das Kapitel Grundrezepte erklärt Schritt für Schritt die Zubereitung von Brühen und Fonds, da diese die Basis für viele Saucen bilden. Im Kapitel Techniken lernen Sie die wichtigsten Handgriffe zur perfekten Zubereitung von Saucen kennen – vom Klären der Butter über die Zubereitung einer Mehlschwitze bis hin zu Tipps zum Retten geronnener Saucen. In den folgenden Kapiteln sind dann die besten Saucenrezepte, nach der Art ihrer Zubereitung gegliedert, aufgeführt.

Mit diesem Buch sind Sie also bestens gerüstet, um die Kunst der Saucenzubereitung zu erlernen – denn an der perfekten Sauce erkennt man den guten Koch.

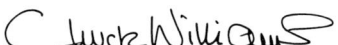

Aufbau der Rezepte

Saucen sind aus vielen Menüs nicht wegzudenken. Sie sind so vielseitig, dass sich für jeden Anlass und für jedes Gericht immer die passende Sauce finden lässt – sei es für ein schnelles Abendessen oder ein raffiniertes Menü, das mehrere Gänge umfasst. Einige Grundkenntnisse in der Saucenzubereitung sind unerlässlich. Die Tipps und Rezepte in diesem Buch werden Ihnen helfen, die wesentlichen Zubereitungsarten zu lernen und auszubauen.

Den Kern jedes Rezeptkapitels bildet ein klassisches Saucenrezept, dessen Zubereitung Schritt für Schritt in Text und Bild erklärt wird. Es ist empfehlenswert, sich zuerst mit dem Grundrezept vertraut zu machen, bevor man sich an den Variationen versucht.

Sobald Sie die Zubereitung der Grundrezepte beherrschen, können Sie Ihre Fähigkeiten mit den anderen Rezepten des Kapitels ausbauen. Auch dort werden alle wichtigen Arbeitsschritte durch Bilder veranschaulicht, sodass Sie Schritt für Schritt mehr Sicherheit bei der Zubereitung der Saucen gewinnen.

Auch beim Kochen gilt: Übung macht den Meister. Wenn Sie noch keine Erfahrung in der Saucenzubereitung haben, kann es vorkommen, dass eine Sauce etwas anders ausfällt oder die Zubereitung mehr Zeit in Anspruch nimmt, als Sie erwartet haben. Doch je öfter Sie das Rezept zubereiten, desto mehr Routine entwickeln Sie.

Die Saucenvariationen bieten eine weitere Möglichkeit, Ihre Erfahrung und Ihr Rezeptrepertoire auszubauen. Wenn Sie beispielsweise die Zubereitung einer klassischen Sauce hollandaise (Seite 81) beherrschen, werden Sie auch mit der Sauce maltaise (S. 86) oder béarnaise (S. 87) keine Mühe haben, da sich die Rezepte ähneln und nur wenige Zutaten ausgetauscht werden. Sie benötigen keine teuren Küchenutensilien, um schmackhafte Saucen herzustellen. Das erforderliche Zubehör ist meist in jeder Küche vorhanden und wird Ihnen auf den Seiten 130–133 vorgestellt.

Kleine Saucenkunde

Saucen wurden früher anhand des französischen Systems eingeteilt, das im 19. Jahrhundert vom Meisterkoch Antonin Carême eingeführt wurde. Dieser definierte fünf grundlegende Zubereitungsarten von Saucen, denen die Zubereitung von Béchamel, Espagnole, Hollandaise, Tomatensauce und Velouté entsprechen. Das Problem an dieser Einteilung ist jedoch, dass sie beispielsweise für indisches Chutney oder italienisches Pesto keinen Platz bietet.

In diesem Buch werden Saucen anhand ihrer Zubereitungsweise in drei Hauptgruppen unterteilt:

Saucen aus Bratensatz & reduzierte Saucen

Aus dem Satz, der nach dem Braten von Fleisch, Fisch oder Gemüse in der Pfanne oder dem Bräter zurückbleibt, lässt sich schnell eine Sauce zubereiten. Je nach Zutaten kann diese hell und mild oder auch dunkel und herzhaft sein.

Cremesaucen & Buttersaucen

Zu den Cremesaucen zählen Hollandaise, Mayonnaise und Vinaigrette. Sie erhalten ihre cremige Konsistenz durch die Kombination von Fett und Flüssigkeit. Für Buttersaucen wird weiche Butter mit aromatischen Zutaten (wie Zitronenzesten, Rotwein oder Balsamico) verrührt, sodass eine cremige Sauce entsteht.

Pesto, Salsa & Chutney

Diese Saucen enthalten meist frisch gehackte Kräuter, Gemüse oder Früchte. Das Pesto stammt aus Italien, die Salsa aus Südamerika und Chutneys und Relishes aus Indien. Diese Saucen schmecken sehr aromatisch und können meist in sehr kurzer Zeit zubereitet werden.

Welche Sauce zu welchem Gericht?

Bei der Auswahl der richtigen Sauce können Sie drei unterschiedliche Schwerpunkte legen: Soll eine Sauce die Hauptaromen des Gerichts unterstreichen, so könnte man etwa zu einem Fischgericht eine Sauce velouté mit Fischfond als Basis servieren. Ist ein schöner Kontrast zwischen Sauce und Gericht erwünscht, kann beispielsweise eine cremige Käsesauce zu knackigem Gemüse serviert werden. Gericht und Sauce können aber auch aus den gleichen Hauptzutaten bestehen. So können Sie pochierte Eier mit einer Sauce hollandaise servieren.

Natürlich spielen auch Art und Anlass des Menüs und die jeweilige Jahreszeit eine große Rolle bei der Auswahl eines Gerichts und einer Sauce. Reduzierte Saucen sind meist schnell zubereitet und bieten sich für das rasche Kochen im Alltag an. Eine Bratensauce, die aus der Garflüssigkeit eines großen Bratens hergestellt wird, eignet sich eher für Sonn- oder Feiertage, wenn mehr Zeit zur Verfügung steht. Im Sommer wünscht man sich vielleicht eine Grillsauce, im Winter hingegen eine dunkle Sauce zu Fleisch. Chutneys und Relishes werden frisch zubereitet, wenn die Früchte Saison haben. Sie können dann gelagert und zu jeder Zeit aus dem Vorratsschrank geholt werden, um einfachen Fleisch- und Geflügelgerichten eine fruchtig-pikante Note zu verleihen.

Die wichtigsten Zutaten

Eine Sauce kann nur so gut sein wie die Zutaten, die sie enthält. Kaufen Sie also immer Zutaten von sehr guter Qualität. Gemüse, Obst und Kräuter sollten immer zur jeweiligen Saison gekauft werden. Getrocknete Kräuter und Gewürze sollten nicht zu lange gelagert werden, da sie sonst an Aroma verlieren. Butter, die schon längere Zeit im Kühlschrank gelagert und den Geruch von anderen Lebensmitteln angenommen hat, wird jede Sauce verderben.

Zutaten für Saucen aus Bratensatz & reduzierte Saucen

Die Basis dieser Saucen bildet frische Brühe aus Fleisch, Knochen und Gemüse. Brühe oder Fond sollten am besten selbst hergestellt werden, da man so den Salzgehalt und die Qualität der Zutaten bestimmen kann. Einen Topf Brühe können Sie gut am Wochenende, wenn Sie etwas mehr Zeit haben, aufsetzen. Die fertige Brühe kann dann in Portionen eingefroren und in der Woche für die verschiedensten Gerichte verwendet

werden. Wenn es einmal schnell gehen muss, können Sie auch eine fertige Brühe oder Brühwürfel mit reduziertem Salzgehalt verwenden. Um den Geschmack von fertig gekauftem Fond zu verbessern, mischen Sie ihn mit der gleichen Menge Wasser und geben etwa 250 g Knochen oder Fleisch (beispielsweise Hähnchenflügel für Hühnerbrühe oder Markknochen für Rinderbrühe) und je eine klein gehackte Karotte und Zwiebel hinzu. Alles bei hoher Temperatur aufkochen, den Schaum abschöpfen und eine Prise

getrockneten Thymian zufügen. Dann bei geringer Temperatur etwa 1 Stunde köcheln lassen.

Für manche Saucen wird statt Brühe Milch oder Wein verwendet. Im Fall von Milch als Basis sollten Sie am besten Vollmilch verwenden. Weinsaucen gelingen am besten mit einem vollmundigen Rotwein wie Syrah, Zinfandel oder Cabernet Sauvignon oder einem trockenen Weißwein, der nicht in Eichenfässern gelagert wurde, beispielsweise ein Sauvignon Blanc oder ein Pinot Grigio.

Zutaten für Creme- & Buttersaucen

Für Buttersaucen sollten Sie ungesalzene Butter verwenden, da sonst die Salzmenge im Rezept verändert werden müsste.

Eigelb wird eingesetzt, um die Verbindung von Fett und flüssigeren Bestandteilen, beispielsweise Zitronensaft oder Essig, zu erreichen. Verwenden Sie dabei immer große, frische Eier.

Hinweis: Rohe Eier können mit Salmonellen belastet sein, die zu ernsthaften Erkrankungen führen können. Kinder, ältere Menschen und Personen mit einer Immunschwäche sollten vom Verzehr roher Eier absehen oder pasteurisierte Bio-Eier (im Tetra-Pak erhältlich) verwenden.

Zutaten für Pesto, Salsa & Co.

Bei diesen Rezepten kommt es vor allem darauf an, dass die Zutaten sehr frisch und aromatisch sind. Früchte mit Druck-stellen, schlappes Gemüse und welke Kräuter ergeben eine fade Sauce, die sich durch kein Gewürz mehr aufpeppen lässt. Bevorzugen Sie auch hier Gemüse, Früchte und Kräuter, die gerade Saison haben. Bereiten Sie im Winter lieber eine Orangen-Rosmarin-Salsa (S. 119) aus vollreifen, aromatischen Orangen zu statt einer Tomaten-Salsa (S. 117) aus geschmacksneutralen Tomaten.

Würzzutaten für Saucen

Zwiebeln, Schalotten, Porree und Knoblauch verleihen vielen Saucen einen wunderbaren Geschmack. Achten Sie beim Kauf darauf, dass sie sich fest anfühlen und keine Flecken aufweisen.

Käse wird für klassisches Pesto und Käsesaucen verwendet. Für Käsesaucen eignen sich Gruyère, Cheddar, Emmentaler oder andere aromatische Sorten.

Für ein gutes Pesto sollten Sie Parmigiano Reggiano bevorzugen.

Verwenden Sie möglichst frische Kräuter, da diese am aromatischsten schmecken. Frische Kräuter der Saison können geputzt, gehackt und tiefgekühlt werden. So können Sie über das ganze Jahr das volle Kräuteraroma genießen und müssen nicht auf getrocknete Kräuter zurückgreifen.

Gewürze verlieren mit der Zeit ihr Aroma und sollten deshalb innerhalb von sechs Monaten nach dem Kauf verbraucht werden.

Die gängigsten Salzsorten sind das einfache Tafelsalz und Meersalz. Beachten Sie bei der Dosierung immer die unterschiedlichen Größen der Kristallkörner. Für die Rezepte in diesem Buch sollten Sie feinkörniges Meersalz verwenden, da es sich sehr schnell auflöst.

Saucen zubereiten, würzen & servieren

Viele Saucen können schon einige Zeit vor dem Servieren vorbereitet werden. Bei Saucen, die erst kurz vor dem Servieren hergestellt werden dürfen, sollten Sie sich gut organisieren, um Stress zu vermeiden. Achten Sie immer darauf, dass die Sauce eine schöne Konsistenz und Farbe hat, damit das Auge angesprochen wird, und einen delikaten Geschmack, um dem Gaumen zu schmeicheln.

Mise en Place

Der französische Fachbegriff *mise en place* bedeutet, „alles an seinem Platz" bereitzustellen, bevor man mit der Zubereitung des Gerichtes beginnt. Dies sollten Sie sich zur Gewohnheit machen, denn es spart Zeit und hilft den Überblick zu behalten. Stellen Sie also alle erforderlichen Töpfe und Utensilien bereit, bevor Sie anfangen zu kochen. Auch sollten Sie die Zutaten schon im Voraus abmessen, wiegen und so verarbeiten, wie es in der Zutatenliste verlangt wird. Achten Sie dabei sehr genau auf die Formulierungen, denn „1 Esslöffel Haselnusskerne, gehackt" ist nicht dasselbe wie „1 Esslöffel gehackte Haselnüsse". Im ersten Fall werden die ganzen Haselnüsse abgemessen und dann gehackt, im zweiten Fall messen Sie die gehackten Nüsse ab. Zutaten, die vor der Verarbeitung gekühlt werden müssen, sollten Sie rechtzeitig in den Kühlschrank stellen, Zutaten, die bei Zimmertemperatur verarbeitet werden, rechtzeitig aus dem Kühlschrank nehmen.

Richtig abmessen und wiegen

Vor allem bei Saucen kommt es oft auf das richtige Mengenverhältnis an, deswegen sollten die Zutaten immer sehr genau abgewogen oder abgemessen werden. Verwendet man zu viel Flüssigkeit, können die Saucen verwässern. Zu viel Mehl in einer Mehlschwitze lässt die Sauce dickflüssig oder klumpig werden.

TROCKENE ZUTATEN Bäcker füllen Trockenzutaten wie Mehl mit einem Löffel in den Messbecher. Für Saucen werden nur geringe Zutatenmengen benötigt, die Sie auch mit einem Löffel direkt aus der Packung in den Topf geben können. Für einen „gestrichenen Esslöffel" fahren Sie mit einem Messerrücken über die Löffelkante, sodass Inhalt und Löffelrand auf einer Ebene liegen. Bei einem „gehäuften Esslöffel" ragt der Inhalt stark über den Löffelrand. Frische Kräuter, beispielsweise Basilikum, sollten zum Abmessen fest in das Messbehältnis gedrückt werden.

FLÜSSIGE ZUTATEN Verwenden Sie immer einen durchsichtigen Messbecher, den Sie zum Ablesen auf Augenhöhe heben.

Der Messbecher sollte ein ausreichendes Fassungsvermögen haben und einen Ausguss, damit die Flüssigkeit sehr genau dosiert in den Topf gegossen werden kann.

BUTTER Auf der Verpackung vieler Buttersorten ist eine 50-g-Skala aufgedruckt, sodass man einfach die benötigte Menge abschneiden kann.

Backofen und Kochgeschirr vorheizen

Das Anbräunen oder Rösten verleiht den Zutaten nicht nur eine schöne Farbe, sondern intensiviert auch ihren Geschmack. Wenn aber Backofen, Pfanne oder Topf nicht heiß genug sind, bleibt die schöne Bräunung aus. Für eine kräftige Rinderbrühe, die die Basis vieler Saucen bildet, sollten Sie auch die Rinderknochen gut anbräunen.

Es ist empfehlenswert sich ein gutes Ofenthermometer anzuschaffen, da man sich auf den eingebauten Thermostat im Backofen nicht immer genau verlassen kann. Das Vorheizen des Ofens auf 180 °C dauert etwa 15 Minuten, für höhere Temperaturen ist die Vorheizzeit entsprechend länger.

Fleisch sollte rundum angebräunt werden, bevor es weitergegart wird. Erhitzen Sie die Pfanne dafür auf mittlerer bis hoher Stufe und legen Sie dann das Fleisch hinein. Zum Braten verwendet man meist raffiniertes und nicht kalt gepresstes Öl.

Butter ist zum Anbraten von Fleisch weniger geeignet, da die Milchbestandteile bei hoher Temperatur verbrennen.

Die Zubereitung

Die wichtigsten Werkzeuge des Kochs sind seine Sinne. Die in den Rezepten angegebenen Zubereitungszeiten sind nur Richtwerte. Viele Faktoren beeinflussen die Garzeit, so etwa das Material, die Dicke und Wärmeleitfähigkeit des Kochgeschirrs, die Frische der Zutaten

und ihre Temperatur vor der Zugabe zum Gericht sowie die Temperatur von Herd oder Ofen.

Nicht alle Rezepte enthalten genaue Zeitangaben für jeden Zubereitungsschritt, da der Koch selbst den Fortgang des Zubereitungsprozesses beurteilen muss. Beim Binden einer Sauce mit kalter Butter (S. 41) gilt das Sprichwort „Übung macht den Meister". Kleine Würfel kalter Butter werden nach und nach unter die Flüssigkeit geschlagen, in der sie sich dann langsam auflösen. Wie lange das dauert, lässt sich nicht exakt angeben. Sie müssen die Sauce genau beobachten und, falls die Butter zu schnell schmilzt, die Hitze reduzieren oder den Topf vom Herd nehmen. Wenn Sie häufiger Saucen mit Butter binden, werden Sie sehr bald ein Gefühl für den Vorgang entwickeln.

Sicherheit in der Küche

Schnell verderbliche Lebensmittel, zu denen auch Saucen gehören, sollten niemals länger als 2 Stunden bei Zimmertemperatur oder im warmen Wasserbad stehen. Auf Saucen, die Eier enthalten, siedeln sich besonders schnell Bakterien an.

Saucen und Brühen sollten Sie erst auf Zimmertemperatur abkühlen lassen, bevor Sie sie in den Kühlschrank stellen. Um die Abkühlung zu beschleunigen, können Sie Sauce oder Brühe in eine Schüssel geben und diese in ein mit Eiswasser gefülltes größeres Gefäß stellen. Unter Rühren abkühlen lassen.

Saucen andicken

Die gängigsten Methoden zum Andicken von Saucen sind das Reduzieren, das Binden mit Butter sowie die Verwendung von Speisestärke oder einer Mehlschwitze.

REDUZIEREN Lässt man eine Sauce einige Zeit köcheln, verdunstet ein Teil der Flüssigkeit, die Sauce dickt an und der Geschmack intensiviert sich. Eine dünnflüssige Brühe, die reduziert werden soll, sollte sprudelnd aufgekocht werden. Dickere Saucen, etwa eine Velouté sollten nur leicht köcheln.

BINDEN MIT BUTTER Wird kalte Butter in eine warme Saucenbasis gerührt, löst sie sich langsam auf und „bindet" die Zutaten. Die Butter bei niedriger Temperatur einrühren (am besten den Topf kurz vom Herd nehmen), da sie sonst zu schnell schmilzt und die Zutaten sich dadurch nicht richtig verbinden können.

BINDEN MIT SPEISESTÄRKE Die Speisestärke wird in eine geringe Menge kalter Flüssigkeit gerührt. Dabei immer die Speisestärke zur Flüssigkeit geben und nicht umgekehrt, da sonst Klümpchen entstehen. Die Speisestärkenmischung nun unter Rühren zu der nur leicht köchelnden Sauce geben und alles so lange aufkochen, bis die gewünschte Konsistenz erreicht ist. Die Speisestärke entfaltet ihre andickende Wirkung erst dann, wenn die Flüssigkeit richtig aufkocht. Geben Sie die Speisestärkenmischung nach und nach zu der Sauce, damit diese nicht zu dick wird.

MEHLSCHWITZE Eine Mehlschwitze besteht aus gleichen Mengen Fett und Mehl, die verrührt und kurz erhitzt werden. Für helle Saucen die Mischung bei geringer Temperatur anschwitzen, bis sie leicht cremefarben wird. Für braune Saucen die Mischung so lange anschwitzen, bis sie eine goldbraune Farbe angenommen hat. Je dunkler die Mehlschwitze, desto kräftiger schmeckt die Sauce, allerdings lässt die Bindeeigenschaft des Mehls dann etwas nach.

Richtig Abschmecken

Schmecken Sie die Sauce mehrmals während des Garvorganges ab. Falls die Sauce rohe Eier oder rohes Fleisch enthält, sollte sie erst zum Schluss abgeschmeckt werden. Würzen Sie Saucen immer mit frisch gemahlenem Pfeffer ab – aber bitte vorsichtig, denn die Sauce wird ja zu einem Gericht serviert, das ebenfalls gut abgeschmeckt wurde.

Saucen passieren und pürieren

Viele Saucen haben schon zum Ende der Garzeit eine schöne glatte Konsistenz. Noch feiner werden sie, wenn man sie zusätzlich durch ein mittel- oder feinmaschiges Haarsieb streicht.

Pesto oder Saucen aus pürierten Zutaten werden meist im Mörser hergestellt und haben eine etwas gröbere Konsistenz. Wenn man eine etwas feinere Konsistenz erreichen oder schneller arbeiten möchte, lassen sie sich auch in der Küchenmaschine herstellen. Halten Sie dabei die Küchenmaschine mehrmals an und streifen Sie die Zutaten von den Wänden des Behälters zurück in die Mitte, damit sie gleichmäßig zerkleinert und gut vermischt werden.

Pürierte Saucen werden noch feiner, wenn man sie durch ein Sieb streicht. Sie können, je nach Gericht, zu dem die Sauce serviert wird, entscheiden, ob sie die Sauce in einer gröberen oder feinen Konsistenz reichen möchten.

Saucen servieren

Ist die Sauce fertig zubereitet, muss noch entschieden werden, wie sie serviert werden soll. Für zwanglose Mahlzeiten genügt es, die Sauce in einer kleinen Schüssel oder Sauciere zu servieren. Für einen schönen Effekt auf dem Teller kann man die Sauce aber auch als Saucenspiegel auf den Teller gießen und das Gericht darauf anrichten. Auch kann eine Sauce in der Art einer Glasur über das Gericht gegossen werden. In jedem Fall sollte die Sauce immer nur das Gericht ergänzen und keinesfalls ertränken.

MIT DER SAUCENKELLE Mit dieser lässt sich die Sauce gut portionieren und sie kann exakt an die gewünschte Stelle gegossen werden. Am schönsten sieht es aus, wenn man etwas Sauce in einem regelmäßigen Strahl über das Gericht verteilt.

SAUCENSPIEGEL Es kann wunderbar aussehen, wenn die Sauce schön auf dem Teller verteilt und das Gericht darauf angerichtet wird. Dazu etwas Sauce auf den Teller geben und diesen schräg halten und drehen, um die Sauce gleichmäßig darauf zu verteilen. Die Hauptzutat des Gerichtes, etwa ein Steak oder Fischfilet, auf dem Saucenspiegel anrichten.

NAPPIEREN Dieser Fachbegriff geht auf das französische Wort *nappe* (Decke oder Laken) zurück und bezeichnet das gleichmäßige Überziehen eines Gerichtes mit einer dickflüssigen Sauce, beispielsweise einer Hollandaise (siehe S. 80).

Dabei sollte die Form der Hauptzutaten des Gerichts immer noch erkennbar bleiben. Mit einem Servierlöffel lässt sich die Sauce sehr gut auf den Speisen verteilen.

SPRITZEN Man kann Saucen auch in eine Dosierflasche aus Kunststoff füllen und dann in dekorativen Schnörkeln oder Linien auf den Tellern verteilen. Falls nötig, können reduzierte Saucen zusätzlich mit etwas Speisestärke angedickt werden, damit das Dekor nicht verläuft. Cremesaucen sind meist zu dickflüssig und zu empfindlich und sollten nicht auf diese Art auf den Tellern verteilt werden.

Geschirr vorwärmen & kühlen

Damit kalte Saucen wirklich kühl und warme Saucen warm bleiben, sollten Teller und Saucieren vorgewärmt oder gekühlt werden. Die einfachste Methode ist, das Geschirr mit kaltem oder heißem Wasser abzuspülen. Effektiver ist es, das Geschirr in den Kühlschrank beziehungsweise kurz in den auf 150 °C vorgeheizten Backofen zu stellen.

1

Grundrezepte

Die Zubereitung einer perfekten Brühe gehört zur Basis des Kochens. Und weil Brühe die Grundzutat für viele Saucen ist, sollten Sie sie lieber selbst zubereiten, anstatt fertige Produkte aus dem Supermarkt zu verwenden. So behalten Sie den Überblick über die Qualität und damit auch über den Geschmack der Brühe. In diesem Kapitel erfahren Sie alles, was Sie für die Zubereitung der verschiedensten Brühen und Fonds wissen müssen – vom richtigen Anrösten der Knochen bis zu Tipps zum Entfetten von Fleisch- und Hühnerbrühe.

Hühnerbrühe

Diese Brühe ist ein Klassiker und bildet eine gute Basis für viele Saucen und Gerichte. Bei korrekter Zubereitung ist die Brühe klar, hat eine goldgelbe Farbe und ein intensives Geflügelaroma. Die Brühe sollte mehrere Stunden köcheln, dabei aber nicht aufgekocht werden, da sie sonst trüb werden könnte.

2,5 kg Hühnerklein (mit Hähnchenflügeln)

1 große Zwiebel, geschält

1 große Karotte

1 große Selleriestange mit Grün

2 EL Rapsöl

Wasser

Für das Bouquet garni

4 frische Stängel glatte Petersilie

1 frischer Thymianstängel

1 Lorbeerblatt

8 schwarze Pfefferkörner

ERGIBT ETWA 2–3 LITER

1 Das Bouquet garni binden
Die ausführliche Anleitung zum Binden eines Bouquet garni finden Sie auf Seite 40. Petersilie, Thymian, Lorbeerblatt und Pfefferkörner in ein kleines Musselintuch wickeln und mit Küchengarn zubinden.

2 Das Hühnerklein zerteilen
Mit einem Küchenbeil das Hühnerklein in 5–7,5 cm große Stücke hacken. Die Hähnchenflügel an den Gelenken zerteilen; dafür den Flügel biegen, um das Gelenk zu finden und dort das Beil oder ein scharfes Messer ansetzen. Das Messer mit dem Handballen kräftig herunterdrücken und das Gelenk durchtrennen.

3 Die Hähnchenteile rösten
Den Backofen auf 220 °C vorheizen. Die Hähnchenteile in einem großen, flachen Bräter verteilen. Am besten verwenden sie einen unbeschichteten Bräter, weil sich darin mehr dunkler Bratensatz bildet, der für die Brühe gebraucht wird. Das Hühnerklein etwa 30 Minuten im Ofen rösten. Dann die Hühnerteile wenden und weitere 20 Minuten rösten, bis sie schön angebräunt sind.

4 Das Gemüse anbraten
In der Zwischenzeit Zwiebel, Karotte und Sellerie grob hacken. Das Öl in einem großen Topf erhitzen und das Gemüse unter Rühren etwa 12 Minuten anrösten.

5 Den Bratensatz deglacieren
Das geröstete Hühnerklein in den Topf zum Gemüse geben und das Fett aus dem Bräter abgießen. Die ausführliche Anleitung zum Deglacieren von Bratensatz finden Sie auf Seite 41. Den Bräter auf zwei Herdplatten stellen und bei hoher

Temperatur erhitzen, bis der Bratensatz zu brutzeln beginnt. 500 ml Wasser zugießen, aufkochen und dabei mit einem Holzlöffel über den Boden des Bräters fahren, um den Bratensatz zu lösen.

6 Die Brühe aufkochen

Den Sud aus dem Bräter in den Topf gießen. Das Bouquet garni und so viel Wasser zufügen, dass die Zutaten 2,5 cm hoch bedeckt sind. (Gießen Sie nicht zu viel Wasser zu, da die Brühe sonst an Aroma verliert.) Alles aufkochen.

7 Die Brühe köcheln lassen

Sobald die Brühe sprudelnd aufkocht, die Temperatur sofort reduzieren. Den aufsteigenden Schaum mit einem Schaumlöffel abschöpfen, denn er könnte die Brühe trüben. Die Brühe mindestens 3 Stunden, am besten jedoch bis zu 6 Stunden leicht köcheln lassen; dabei mehrmals den Schaum abschöpfen und bei Bedarf Wasser nachgießen. Die Zutaten sollten immer knapp bedeckt sein. Die Brühe nicht aufkochen, da sich sonst das Fett aus dem Fleisch löst und für einen leicht tranigen Geschmack sorgt.

8 Die Brühe abseihen und entfetten

Ein Sieb mit einem Musselintuch auslegen und über eine große, hitzebeständige Schüssel hängen. Die Brühe abseihen und die festen Bestandteile entsorgen. Die Brühe 5 Minuten abkühlen lassen, dann das gelbliche Fett mit einem Esslöffel von der Oberfläche schöpfen. Sie können aber auch eine große Schüssel zur Hälfte mit Eiswasser füllen, die Schüssel mit der Brühe hineinstellen und abkühlen lassen; dabei mehrmals umrühren. Die abgekühlte Brühe abdecken und über Nacht in den Kühlschrank stellen. Das Fett ist nun an der Oberfläche der Brühe erstarrt und kann ganz leicht mit einem Löffel entfernt werden.

9 Die Brühe lagern

In einem luftdicht verschließbaren Behälter hält sich die Brühe bis zu 3 Tage im Kühlschrank und 3 Monate im Gefrierfach.

PROFITIPP

Sie sollten die Brühe erst mit Salz und Pfeffer würzen, wenn Sie sie weiterverwenden. Anderenfalls könnte es vorkommen, dass insbesondere reduzierte Saucen zu salzig werden. Um den Geschmack einer Brühe zu prüfen, kann man nach dem Erwärmen eine kleine Menge in eine Tasse füllen, eine Prise Salz einrühren und probieren.

VERWENDUNG
Für braune Saucen oder Saucen aus Bratensatz zu Geflügel und Schweinefleisch.

Fleischbrühe

Durch das Anrösten der Knochen und den Bratensatz bekommt diese Brühe ihre schöne braune Farbe. Das Suppenfleisch verleiht der Suppe einen herrlich kräftigen Geschmack. Achten Sie darauf, dass die Brühe lange köchelt, damit sich die Aromen voll entfalten können.

1,2 kg Markknochen vom Kalb, grob zerhackt (Bitten sie den Metzger, dies zu übernehmen.)

500 g Suppenfleisch vom Kalb oder Rind, z. B. Beinscheiben

1 große Zwiebel, geschält

1 große Karotte

1 große Selleriestange mit Grün

2 EL Rapsöl

Wasser

Für das Bouquet garni

4 frische Stängel glatte Petersilie

1 frischer Thymianstängel

1 Lorbeerblatt

8 schwarze Pfefferkörner

ERGIBT ETWA 2–3 LITER

1 Das Bouquet garni binden

Die ausführliche Anleitung zum Binden eines Bouquet garni finden Sie auf Seite 40. Petersilie, Thymian, Lorbeerblatt und Pfefferkörner in ein kleines Musselintuch wickeln und mit Küchengarn zubinden.

2 Die Knochen anrösten

Den Backofen auf 220 °C vorheizen. Knochen und Fleisch in einen großen, flachen Bräter legen. Am besten verwenden sie einen unbeschichteten Bräter, weil sich darin mehr dunkler Bratensatz bildet, der für die Brühe gebraucht wird. Knochen und Fleisch etwa 30 Minuten im Ofen rösten, dann wenden und weitere 20 Minuten rösten, bis alles schön angebräunt ist.

3 Das Gemüse anbraten

In der Zwischenzeit Zwiebel, Karotte und Sellerie grob hacken. Das Öl in einem großen Topf erhitzen und das Gemüse unter Rühren etwa 12 Minuten anrösten.

4 Den Bratensatz deglacieren

Geröstete Knochen und Fleisch in den Topf zum Gemüse geben und das Fett aus dem Bräter abgießen. Die ausführliche Anleitung zum Deglacieren von Bratensatz finden Sie auf Seite 41. Den Bräter auf zwei Herdplatten stellen und bei hoher Temperatur erhitzen, bis der Bratensatz zu brutzeln beginnt. 500 ml Wasser zugießen, aufkochen und dabei mit einem Holzlöffel über den Boden des Bräters fahren, um den Bratensatz zu lösen.

5 Die Brühe aufkochen

Den Sud aus dem Bräter in den Topf gießen. Das Bouquet garni und so viel Wasser zufügen, dass die Zutaten 2,5 cm hoch bedeckt sind. (Gießen Sie nicht zu viel Wasser zu, da die Brühe sonst an Aroma verliert.) Alles aufkochen.

6 Die Brühe köcheln lassen

Sobald die Brühe sprudelnd aufkocht, die Temperatur sofort reduzieren. Den aufsteigenden Schaum mit einem Schaumlöffel abschöpfen, denn er könnte die Brühe trüben. Die Brühe mindestens 4 Stunden, am besten jedoch bis zu 8 Stunden leicht köcheln lassen; dabei mehrmals den Schaum abschöpfen und bei Bedarf Wasser nachgießen. Die Zutaten sollten immer knapp bedeckt sein. Die Brühe nicht aufkochen, da sich sonst das Fett aus dem Fleisch löst und für einen leicht tranigen Geschmack sorgt.

7 Die Brühe abseihen und entfetten

Ein Sieb mit einem Musselintuch auslegen und über eine große, hitzebeständige Schüssel hängen. Die Brühe abseihen und die festen Bestandteile entsorgen. Die Brühe 5 Minuten abkühlen lassen, dann das gelbliche Fett mit einem Esslöffel von der Oberfläche schöpfen. Sie können aber auch eine große Schüssel zur Hälfte mit Eiswasser füllen, die Schüssel mit der Brühe hineinstellen und abkühlen lassen; dabei mehrmals umrühren. Die abgekühlte Brühe abdecken und über Nacht in den Kühlschrank stellen. Das Fett ist nun an der Oberfläche der Brühe erstarrt und kann ganz leicht mit einem Löffel entfernt werden.

8 Die Brühe lagern

In einem luftdicht verschließbaren Behälter hält sich die Brühe bis zu 3 Tage im Kühlschrank und 3 Monate im Gefrierfach. Die gekühlte Brühe hat eine gallertartige Konsistenz. Zum exakten Abmessen die Brühe erwärmen, damit sie wieder flüssig wird.

PROFITIPP

Die Zutaten sollten immer gut mit Wasser bedeckt sein. Wenn man Wasser in die Brühe nachgießt, sollte man nur kochendes Wasser verwenden. Kaltes Wasser würde die Temperatur der Brühe reduzieren, sodass sie aufhört zu köcheln.

VERWENDUNG

Für braune Saucen zu Braten und reduzierte Saucen zu anderen Fleischgerichten.

Weißer Fond

Dieser Fond wird für die Herstellung heller Saucen benötigt. Der Fond sollte sehr mild schmecken, damit er die feinen Aromen der Sauce nicht überlagert. Eine Mischung aus Hühnerklein und Markknochen vom Kalb ist ideal. Sie können diesen Fond aber auch nur aus Geflügel oder Kalbfleisch herstellen.

1 große Zwiebel, geschält

1 große Karotte

1 große Selleriestange mit Grün

1,5 kg Markknochen vom Kalb

1 kg Hühnerklein (mit Hähnchenflügeln)

Für das Bouquet garni

4 frische Stängel glatte Petersilie

1 frischer Thymianstängel

1 Lorbeerblatt

8 weiße Pfefferkörner

ERGIBT ETWA 2–3 LITER

1 Das Bouquet garni binden
Genaueres zum Binden eines Bouquet garni finden Sie auf Seite 40. Petersilie, Thymian, Lorbeerblatt und Pfefferkörner in ein Stück Käseleinen oder Musselin wickeln und mit Küchenzwirn zubinden.

2 Das Gemüse vorbereiten
Die Zwiebel halbieren und jede Hälfte in große Stücke schneiden. Karotte und Sellerie ebenfalls in große Stücke schneiden.

3 Die Brühe aufkochen
Kalbsknochen, Hühnerklein, Gemüsestücke und Bouquet garni in einen großen Topf geben. So viel Wasser zugießen, dass die Zutaten 2,5 cm hoch bedeckt sind. (Gießen Sie nicht zu viel Wasser zu, da die Brühe sonst an Aroma verliert.) Alles aufkochen.

4 Die Brühe köcheln lassen
Sobald die Brühe sprudelnd aufkocht, die Temperatur sofort reduzieren. Den aufsteigenden Schaum mit einem Schaumlöffel abschöpfen, denn er könnte die Brühe trüben. Die Brühe mindestens 4 Stunden, am besten jedoch bis zu 8 Stunden leicht köcheln lassen; dabei mehrmals den Schaum abschöpfen und bei Bedarf Wasser nachgießen. Die Zutaten sollten immer knapp bedeckt sein. Die Brühe nicht aufkochen, da sich sonst das Fett aus dem Fleisch löst und für einen leicht tranigen Geschmack sorgt.

5 Die Brühe abseihen und entfetten

Ein Sieb mit einem Musselintuch auslegen und über eine große, hitzebeständige Schüssel hängen. Die Brühe abseihen und die festen Bestandteile entsorgen.
Die Brühe 5 Minuten abkühlen lassen, dann das gelbliche Fett mit einem Esslöffel
von der Oberfläche schöpfen. Sie können aber auch eine große Schüssel zur
Hälfte mit Eiswasser füllen, die Schüssel mit der Brühe hineinstellen und abkühlen lassen; dabei mehrmals umrühren. Die abgekühlte Brühe abdecken und über
Nacht in den Kühlschrank stellen. Das Fett ist nun an der Oberfläche der Brühe
erstarrt und kann ganz leicht mit einem Löffel entfernt werden.

6 Die Brühe lagern

In einem luftdicht verschließbaren Behälter hält sich die Brühe bis zu
3 Tage im Kühlschrank und 3 Monate im Gefrierfach. Die gekühlte Brühe
hat eine gallertartige Konsistenz. Zum exakten Abmessen die Brühe erwärmen,
damit sie wieder flüssig wird.

PROFITIPP
*Die Kräuter werden zum Bouquet garni
gebunden, damit sie nicht in der Brühe
schwimmen und beim Abschöpfen des
Schaums stören. Außerdem lassen sie
sich auf diese Weise am Ende des Gar-
vorgangs leichter entfernen.*

VERWENDUNG
*Für Sauce velouté und ihre Varianten
sowie für andere milde Saucen.*

Fischfond

Einen Fischfond darf man, im Gegensatz zu Fleischbrühen, nicht zu lange ziehen lassen, da sonst die Fischgräten ein bitteres Aroma erzeugen. Aus diesem Grund spricht man im Zusammenhang mit Fisch immer von einem Fond oder einem Fumet, was im Französischen Duft bedeutet.

750 g Fischkarkassen von weißfleischigen, fettarmen Fischen, z. B. Scholle, Heilbutt oder Schnapper

1 große Porreestange (nur der weiße Teil)

1 Selleriestange

1 EL Rapsöl

180 ml trockener Weißwein, z. B. Sauvignon blanc oder Pinot Grigio

Für das Bouquet garni

3 frische Stängel glatte Petersilie

8 weiße Pfefferkörner

2 frische Thymianstängel

¼ TL Fenchelsamen

½ Lorbeerblatt

ERGIBT ETWA 1,5 LITER

1 Fischkarkassen reinigen
Falls Sie auch Fischköpfe verwenden, sollten Sie unbedingt die Kiemen vollständig entfernen, da sie einen bitteren Geschmack abgeben. Dazu die Klappen an den Seiten der Fischköpfe anheben und mit einer Küchenschere die rötlichen Kiemen herausschneiden; dabei vorsichtig arbeiten, da die Kiemen sehr scharf sind. Die Karkassen unter fließend kaltem Wasser abspülen und eventuelle Reste der Eingeweide entfernen. Dann die Karkassen in einer großen Schüssel mit kaltem Wasser bedecken, 15 Minuten stehen lassen und abgießen. Diesen Vorgang noch einmal wiederholen. Durch das Einweichen werden letzte Spuren von Blut und Eingeweiden entfernt, und der Fond wird klarer und feiner.

2 Das Bouquet garni binden
Genaueres zum Binden eines Bouquet garni finden Sie auf Seite 40. Petersilie, Pfefferkörner, Thymian, Fenchelsamen und Lorbeerblatt in ein Stück Käseleinen oder Musselin wickeln und mit Küchengarn zubinden.

3 Das Gemüse vorbereiten
Den Porree putzen und längs halbieren. Unter fließend kaltem Wasser abspülen und in etwa 12 mm große Stücke schneiden. Die Selleriestange putzen, halbieren und ebenfalls in etwa 12 mm große Stücke schneiden.

4 Das Gemüse andünsten
Das Öl in einem großen Topf bei mittlerer Temperatur erhitzen. Porree- und Selleriestücke zugeben und unter gelegentlichem Rühren 5 Minuten garen, bis sie weich werden, jedoch nicht anbräunen. (Diese Zubereitungsweise nennt man andünsten.)

5 Den Fond köcheln lassen

Karkassen, Wein und so viel Wasser zugießen, dass die Zutaten 2,5 cm hoch bedeckt sind. (Gießen Sie nicht zu viel Wasser zu, da die Brühe sonst an Aroma verliert.) Alles aufkochen. Sobald der Fond sprudelnd aufkocht, die Hitze sofort reduzieren. Den aufsteigenden Schaum mit einem Schaumlöffel abschöpfen, denn er könnte den Fond trüben. Den Fond 35 Minuten köcheln lassen; dabei mehrmals den Schaum abschöpfen und bei Bedarf Wasser nachgießen. Die Zutaten sollten immer knapp bedeckt sein. Den Fond nicht aufkochen, sonst wird er trübe und schmeckt leicht bitter.

6 Den Fond abseihen

Ein Sieb mit einem Musselintuch auslegen und über eine große, hitzebeständige Schüssel hängen. Den Fond abseihen und die festen Bestandteile entsorgen. Weil Fisch magerer ist als Fleisch oder Geflügel, muss der Fond nicht entfettet werden. Sie können ihn sofort verwenden oder zuerst abkühlen lassen.

7 Den Fond abkühlen und lagern

Eine große Schüssel zur Hälfte mit Eiswasser füllen und die Schüssel mit dem Fond zum Abkühlen hineinstellen; dabei gelegentlich umrühren. In einem luftdicht verschließbaren Behälter hält sich der Fond bis zu 2 Tage im Kühlschrank. Zur Aufbewahrung im Gefrierfach eignet er sich nicht so gut, da er leicht Fremdaromen annimmt. Kochen sie deshalb lieber kleinere Mengen Fischfond, die sofort weiterverarbeitet werden.

PROFITIPP

Fischkarkassen sind beim Fischhändler erhältlich. Wenn der Fischhändler den Fisch filetiert, bleiben die Karkassen übrig. Am besten ist es, die Karkassen für den Tag der Zubereitung des Fonds vorzubestellen, damit der Händler die Fischteile für Sie aufbewahrt. Achten Sie darauf, dass die Karkassen sehr frisch sind.

VERWENDUNG

Für Saucen zu Fischgerichten, z. B. Kräutersauce zu Fisch (siehe S. 67)

Zubereitungsarten

Ob pochierter Lachs mit Sauce hollandaise oder gegrilltes Hühnchen mit Barbecue-Sauce: Manche Kombinationen sind echte Klassiker. Eine Sauce sollte die Aromen des Gerichts, zu dem sie serviert wird, unterstreichen und keineswegs überlagern. Die folgende Tabelle bietet Ihnen einen Überblick über verschiedene Zubereitungsarten von Gerichten und Zutaten, die mit den Saucenrezepten in diesem Buch gut kombiniert werden können.

GEDÄMPFT

ZUTATEN

Brokkoliröschen, Blumenkohlröschen, Spargel und grüne Bohnen

ZUBEREITUNG

Einen Topf 1 cm hoch mit Wasser füllen und dieses aufkochen. Einen Dämpfeinsatz in den Topf stellen und das jeweilige Gemüse in einer Lage darin verteilen.

ZEIT & GARGRAD

Den Topf bedecken und das Gemüse etwa 4–6 Minuten, je nach gewünschtem Gargrad dämpfen. Mit einem spitzen Messer einstechen, um zu prüfen, ob es gar ist.

GEKOCHT

ZUTATEN

Junge Kartoffeln

ZUBEREITUNG

Einen großen Topf zu drei Vierteln mit Wasser füllen und dieses zum Kochen bringen. 1 EL Salz und die Kartoffeln zufügen.

ZEIT & GARGRAD

Ohne Deckel kochen. Nach 12–15 Minuten mit einem spitzen Messer prüfen, ob die Kartoffeln gar sind.

ZUTATEN

Artischocken

ZUBEREITUNG

Einen Topf zu drei Vierteln mit Wasser füllen und dieses zum Kochen bringen. Die geputzten Artischocken zufügen.

ZEIT & GARGRAD

Ohne Deckel kochen. Nach etwa 40 Minuten den Stielansatz mit einem Messer anstechen, um zu prüfen, ob sie gar sind.

POCHIERT

ZUTATEN

Lachsfilets

ZUBEREITUNG

Eine Pfanne 5 cm hoch mit Wasser füllen. 125 ml trockenen Weißwein und 1 EL Salz zufügen und alles ganz leicht zum Kochen bringen. Die Fischfilets zufügen.

ZEIT & GARGRAD

Der Fisch sollte 1,5 cm hoch mit Flüssigkeit bedeckt sein. Pro Zentimeter Dicke des Filets etwa 4 Minuten garen, bis sich das Filet leicht zerteilen lässt.

ZUTATEN

Eier, in kleine Förmchen oder Tassen aufgeschlagen

ZUBEREITUNG

Eine Pfanne 5 cm hoch mit Wasser füllen. 1 TL Essig zufügen und die Eier einzeln vorsichtig in das Wasser gleiten lassen.

ZEIT & GARGRAD

Köcheln, bis das Eiweiß fest und das Eigelb entweder noch weich (3 Minuten) oder fest (5 Minuten) ist.

AUS DER PFANNE

ZUTATEN

Dünne, weiße Fischfilets oder Hähnchenbrustfilet

ZUBEREITUNG

Die Filets in mit Salz und Pfeffer gewürztem Mehl wenden. Öl in der Pfanne erhitzen und die Filets darin anbraten.

ZEIT & GARGRAD

Fischfilets etwa 1½–2 Minuten pro Seite, Hähnchenfilets etwa 5–6 Minuten pro Seite garen.

ZUTATEN

Medaillons vom Rind oder Lamm

ZUBEREITUNG

Mit Salz und Pfeffer würzen. Öl in einer Pfanne erhitzen und die Medaillons von beiden Seiten darin anbraten.

ZEIT & GARGRAD

Die Oberfläche sollte leicht angebräunt, das Innere nach Belieben gegart sein, z. B. 3 Minuten pro Seite für medium.

ZUTATEN	ZUBEREITUNG	ZEIT & GARGRAD
Rinderbraten	Mit Öl einreiben und Salz und Pfeffer würzen. Den Backofen auf 200 °C vorheizen. Den Braten auf der mittleren Schiene auf den Rost legen. Eine Fettpfanne darunterschieben.	Pro 500 g Rohgewicht etwa 15 Minuten garen, bis das Bratenthermometer eine Kerntemperatur von 54 °C anzeigt. Vor dem Aufschneiden mindestens 10 Minuten ruhen lassen.
Rinderfilet	Mit Öl einreiben und mit Salz und Pfeffer würzen. Den Backofen auf 200 °C vorheizen und das Filet auf der mittleren Schiene auf den Rost legen. Eine Fettpfanne darunterschieben.	Pro 500 g Rohgewicht etwa 10 Minuten garen, bis das Bratenthermometer eine Kerntemperatur von 54 °C anzeigt. Vor dem Aufschneiden mindestens 10 Minuten ruhen lassen.
Schweinefilet	Mit Öl, Salz und Pfeffer einreiben. Den Backofen auf 200 °C vorheizen. Das Filet auf der mittleren Schiene auf den Rost legen. Eine Fettpfanne darunterschieben.	Pro 500 g Rohgewicht etwa 15 Minuten garen, bis das Bratenthermometer eine Kerntemperatur von 57 °C anzeigt. Etwa 10 Minuten ruhen lassen.
gegrilltes Geflügel im Ganzen, z. B. Hühnchen, Truthahn oder Wachteln	Mit Öl einreiben und Salz und Pfeffer würzen. Den Backofen auf 200 °C vorheizen und das Geflügel auf der mittleren Schiene auf den Rost legen. Eine Fettpfanne darunterschieben.	Pro 500 g etwa 20–25 Minuten garen, bis das Bratenthermometer eine Kerntemperatur von 77 °C anzeigt, bzw. beim Einstechen an der dicksten Stelle nur noch klarer Fleischsaft austritt.

ZUTATEN	ZUBEREITUNG	ZEIT & GARGRAD
Hähnchenbrust mit Knochen	Mit Öl einreiben, kräftig mit Salz und Pfeffer würzen und auf dem Holzkohle-, Gas- oder Elektrogrill garen.	10 Minuten pro Seite garen, bis ein Bratenthermometer eine Kerntemperatur von 77 °C anzeigt.
Rindersteak	Mit Öl einreiben, kräftig mit Salz und Pfeffer würzen und auf dem Holzkohle-, Gas- oder Elektrogrill garen.	Von jeder Seite 2 ½–4 Minuten garen (für medium), bis ein Bratenthermometer eine Kerntemperatur von 54 °C anzeigt.
Schweine- oder Kalbskotellets	Mit Öl einreiben, kräftig mit Salz und Pfeffer würzen und auf dem Holzkohle-, Gas- oder Elektrogrill garen.	Von jeder Seite etwa 4–6 Minuten gut durchgaren, bis ein Bratenthermometer eine Kerntemperatur von 57 °C anzeigt.
Thunfisch- oder Lachssteaks	Mit Öl einreiben, kräftig mit Salz und Pfeffer würzen und auf dem Holzkohle-, Gas- oder Elektrogrill garen.	Von jeder Seite 3–5 Minuten grillen (für einen leicht rosa Kern) oder nach Geschmack garen.

2 Grundtechniken

In diesem Kapitel werden Ihnen Grundtechniken vorgestellt, wie das Würfeln von Gemüse, das Deglacieren von Bratensatz sowie das Andicken und Emulgieren von Saucen. Zusätzlich erfahren Sie Wissenswertes über den Umgang mit typischen Saucenzutaten, beispielsweise Gemüse, Kräutern und Zitrusfrüchten. Falls Ihnen ein Zubereitungsschritt in den Rezepten unklar erscheint oder Sie eine detaillierte Beschreibung wünschen, können Sie immer in dieses Kapitel zurückblättern.

Eine Zwiebel würfeln

1 Zwiebel halbieren

Die Zwiebel mit einem großen Messer einmal längs halbieren. So lässt sie sich leichter schälen, und die Hälften haben eine große, stabile Auflagefläche.

2 Schale entfernen

Die Zwiebelschale an der Spitze mit dem Messer anheben und abziehen. Hat die oberste Lage fleckige oder harte Stellen, sollte sie ebenfalls abgezogen werden.

3 Enden abschneiden

Beide Enden kürzen; dabei den Wurzelansatz intakt lassen. Die Zwiebelhälften mit der Schnittseite nach unten auf das Schneidebrett legen.

4 Längs in Scheiben schneiden

Die Zwiebel zu beiden Seiten mit der freien Hand festhalten. Mit einem Messer in regelmäßigen Abständen senkrecht bis zum Wurzelansatz einschneiden, aber nicht durchschneiden.

5 Waagerecht einschneiden

Die Finger der freien Hand auf die Zwiebel legen und die Scheiben zusammenhalten. In regelmäßigen Abständen waagerecht einschneiden.

6 Würfeln

Die Zwiebelhälfte mit den Fingern zusammenhalten und nun quer in Würfel schneiden. Um die Würfel zu hacken, die Klinge in wiegenden Bewegungen über die Würfel führen.

Eine Schalotte würfeln

1 Segmente trennen

Manchmal bestehen Schalotten aus mehreren Zwiebeln, ähnlich wie Knoblauchknollen, die zuerst voneinander getrennt werden müssen.

2 Schalotte halbieren

Wenn Sie noch keine Erfahrung im Würfeln von Schalotten haben, sollten Sie am Anfang lieber ein kleineres Schälmesser verwenden. Die Schalotte einmal längs halbieren.

3 Schale entfernen

Die Schalottenschale an der Spitze mit dem Messer anheben und abziehen. Hat die oberste Lage fleckige oder harte Stellen, sollte sie ebenfalls abgezogen werden.

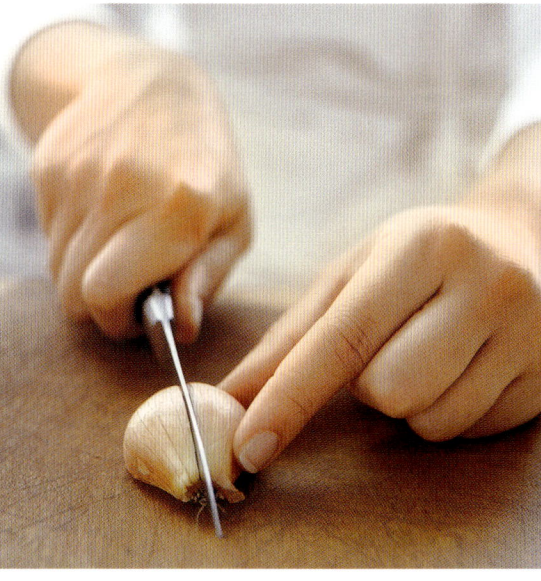

4 Senkrecht einschneiden

Die Schalotte zu beiden Seiten festhalten. Mit einem Messer in regelmäßigen Abständen senkrecht bis zum Wurzelansatz einschneiden, aber nicht durchschneiden.

5 Waagerecht einschneiden

Die Finger der freien Hand auf die Schalotte legen und die Scheiben zusammenhalten. In regelmäßigen Abständen waagerecht einschneiden.

6 Würfeln

Nun kann die Schalotte quer in Würfel gehackt werden. So erhalten Sie einheitlich große Würfel, die gleichmäßig gedünstet werden können.

Karotten würfeln

1 Karotten putzen & schälen
Verarbeiten Sie nur gutes, einwandfreies Gemüse. Die Karotten mit einem Sparschäler schälen. Den Stielansatz und die Wurzelspitze mit einem Kochmesser abschneiden.

2 In Stücke schneiden
Die Karotten in gleichmäßig große Stücke von etwa 7 cm Länge schneiden. Diese kürzeren Stücke lassen sich viel besser weiterverarbeiten.

3 Auflagefläche schneiden
Bevor die Karottenstücke gewürfelt werden, auf einer Seite einen dünnen Streifen abschneiden, um eine stabile Auflagefläche zu erzeugen. Die Karottenstücke auf diese Fläche legen.

4 Stücke längs in Scheiben schneiden
Die Karottenstücke längs in so dicke Scheiben schneiden, wie die späteren Würfel sein sollen. (Wenn die Würfel eine Kantenlänge von 5 mm haben sollen, die Karotten in 5 mm dicke Scheiben schneiden.)

5 In Stifte schneiden
2 oder 3 Karottenscheiben aufeinanderlegen. Die Scheiben nun längs in Stifte schneiden, die genauso breit sind wie die Scheiben dick.

6 Stifte würfeln
Die Karottenstifte nun quer in Würfel schneiden. Methodisches Schneiden erzeugt gleich große Stücke, die auch gleichmäßig garen. Mit den restlichen Karottenscheiben ebenso verfahren.

Stangensellerie würfeln

1 Wurzelende abschneiden

Wählen Sie eine feste, einwandfreie Staude mit frischem Grün. Mit einem Kochmesser das Wurzelende von der Selleriestaude entfernen und die einzelnen Stangen waschen.

2 Grün hacken (nach Belieben)

Sellerieblätter sorgen für zusätzliches Selleriearoma. Die Blätter von den Stangen schneiden und wie im jeweiligen Rezept angegeben (meistens grob) hacken.

GEWUSST WIE

Die äußeren Stangen einer Selleriestaude können etwas faserig oder hart sein. Um die Fasern und die Außenhaut zu entfernen, die Stangen mit einem Sparschäler leicht schälen.

3 In Stücke schneiden

Die Selleriestangen in gleichmäßige Stücke von 7 cm Länge schneiden. Diese kürzeren Stücke lassen sich leichter weiterverarbeiten.

4 In Stifte schneiden

Die Selleriestücke längs in so dicke Stifte schneiden, wie die späteren Würfel sein sollen. (Wenn die Würfel eine Kantenlänge von 5 mm haben sollen, den Sellerie in 5 mm dicke Stifte schneiden.)

5 Die Stangen würfeln

Die Selleriestifte nun quer in Würfel schneiden. Methodisches Schneiden erzeugt gleich große Stücke, die auch gleichmäßig garen. Mit den restlichen Selleriestücken ebenso verfahren.

Knoblauch verarbeiten

1 Schale lösen

Mit der flachen Seite eines Messers kräftig auf die Zehe drücken. Wenn die Knoblauchzehe fein gehackt werden soll, kann man sie auch zerdrücken.

2 Schälen und halbieren

Durch den Druck der Messerklinge ist die Schale aufgesprungen. Die Schale mit den Fingern abziehen und entsorgen. Die Zehe längs halbieren, damit eine große, stabile Auflagefläche entsteht.

GEWUSST WIE

Bei älterem Knoblauch wächst in den Zehen bereits ein grüner Keim, der dem Gericht einen bitteren Nebengeschmack verleihen kann. Der Trieb sollte deshalb mit einer Messerspitze entfernt werden.

3 In Scheiben schneiden

Eine Knoblauchhälfte mit der Schnittseite nach unten auf ein Schneidebrett legen und in feine Scheiben schneiden. Entweder die Scheiben verwenden oder zum Hacken auf dem Brett belassen.

4 Hacken

Die Messerspitze mit den Fingern der freien Hand auf dem Schneidebrett fixieren und die Klinge in wiegenden Bewegungen über die Knoblauchscheiben führen, bis diese grob gehackt sind.

5 Den Knoblauch fein hacken

Gelegentlich die Knoblauchstückchen von der Messerklinge abstreifen und in der Mitte des Schneidebretts aufhäufen. Weiter wie beschrieben hacken, bis die Stückchen sehr klein sind.

Zitronen abreiben und auspressen

1 Zitronenschale abreiben

Zitronenschale lässt sich am einfachsten abreiben, wenn die Früchte ganz sind. Mithilfe einer feinen Reibe wird nur die gelbe Außenschale dünn abgerieben

2 Reibe reinigen

Vergessen Sie nicht, den Zitronenabrieb (Zesten) auch von der Rückseite der Reibe abzuschaben.

Tomaten entkernen

1 Tomate halbieren

Runde Tomaten werden mit einem Messer in der Mitte quer durchgeschnitten. Längliche Roma-Tomaten werden in der Mitte längs halbiert.

3 Zitrone halbieren

Vor dem Ausdrücken die Zitrone mit etwas Druck über die Arbeitsfläche rollen. Dann die Frucht mit einem Messer quer durchschneiden.

4 Die Zitrone ausdrücken

Um möglichst viel Saft zu erhalten, sollten Sie eine Zitruspresse verwenden. Den Saft durch ein Sieb gießen, um eventuelle Kerne zu entfernen.

2 Ausdrücken und Kerne entfernen

Die Tomatenhälfte über einer Schüssel ausdrücken. Die Kerne mit einem Teelöffel herausschaben. Tomatensaucen werden glatter, wenn sie aus entkernten Tomaten hergestellt werden.

Ingwer schälen & hacken

1 Ingwer schälen
Die hellbraune Schale mit einem Sparschäler entfernen.

2 Ingwer hacken
Den Ingwer in dünne Scheiben schneiden. Die Scheiben in Stifte schneiden und die Stifte quer in Würfel schneiden. Die Würfel nun fein hacken.

Butter klären

1 Butter zerlassen
Dabei wird das Butterfett von den Milchbestandteilen getrennt. Die Butter in einem Topf bei mittlerer Temperatur schmelzen. Weiter erhitzen, bis sie anfängt zu schäumen.

2 Reduzieren und abschöpfen
Die Temperatur sofort reduzieren und die Butter 1 Minute köcheln lassen. Den Topf vom Herd nehmen und die Butter 2 Minuten abkühlen lassen. Nun den Butterschaum abschöpfen.

3 Butterfett abgießen
Das gelbe Butterfett in einen Messbecher gießen; dabei sehr vorsichtig arbeiten, damit die weißen Milchbestandteile, die sich auf dem Topfboden abgesetzt haben, im Topf bleiben.

4 Milchbestandteile nicht verwenden
Die weißen Milchbestandteile aus dem Topf werden nicht verwendet, weil sie leicht anbrennen. Die geklärte Butter nun weiterverarbeiten.

Eier trennen

1 Ei aufschlagen

Gekühlte Eier lassen sich am leichtesten trennen. 3 Schüsseln bereitstellen. Damit die Schale nicht splittert, das Ei mit der Seite kräftig auf die Arbeitsfläche schlagen.

2 Schale aufbrechen

Das aufgeschlagene Ei über eine Schüssel halten und die Schale vorsichtig aufbrechen. Dabei das Eiweiß (jedoch nicht das Eigelb) in die Schüssel tropfen lassen.

3 Eigelb hin und her schütten

Das Eigelb aus einer Schalenhälfte in die andere gießen, dabei das ganze Eiweiß in die Schüssel tropfen lassen. Vorsicht: Das Eigelb nicht an der Kante der Eierschale anritzen.

4 Eigelb in eine Schüssel geben

Das Eigelb vorsichtig in eine Schüssel gleiten lassen. Wenn das Eiweiß steif geschlagen werden soll, darf es keine Eigelbreste enthalten.

GEWUSST WIE

Falls beim Trennen versehentlich Eigelb zum Eiweiß gelangt, kann das Eiweiß nicht mehr steif geschlagen werden. Dieses Eiweiß lieber anderweitig verwenden, beispielsweise für Rühreier.

5 Das Eiweiß umfüllen

Wenn das Ei sauber getrennt ist, das Eiweiß in eine dritte Schüssel geben. Das nächste Ei wieder über der ersten Schüssel aufschlagen, damit kein Eigelb in das Eiweiß gelangt.

Andicken mit Speisestärke

1 Speisestärke mit Wasser anrühren
Saucen aus Bratensatz und reduzierte Saucen werden meist mit Speisestärke angedickt. Dazu die gleichen Mengen Speisestärke und Wasser in eine kleine Schüssel geben.

2 Glatt rühren
Speisestärke und Wasser mit einer Gabel glatt rühren. Die Mischung sollte eine sahnige Konsistenz haben.

3 Die Saucenbasis erhitzen
Falls nötig, die Saucenbasis gut erhitzen. Die angerührte Speisestärke muss unbedingt in heiße Flüssigkeit gerührt werden, sonst dickt sie nicht richtig an.

4 Speisestärke zugießen
Die Speisestärkenmischung noch einmal gut verrühren und portionsweise unter Rühren zur köchelnden Saucenbasis gießen. Eventuell wird nicht die komplette Stärkemischung benötigt.

5 Stärke unterrühren
Saucenbasis und Stärkemischung sehr gut verrühren und aufkochen. Bei Bedarf noch etwas Stärkemischung zugießen und erneut aufkochen, bis die gewünschte Konsistenz erreicht ist.

6 Konsistenz & Geschmack prüfen
Mit Speisestärke angedickte Saucen haben einen leichten Glanz. Die Sauce abschmecken. Falls sie nach Stärke schmeckt, sollte sie noch etwas länger gekocht werden.

Andicken mit Mehlschwitze

1 Fett erhitzen
Eine Mehlschwitze besteht aus einem Fett- und einem Mehlanteil. Als Fett eignen sich Öl, Butter oder Bratenfett. Das Fett bei mittlerer Temperatur erhitzen.

2 Mehl zufügen
Das Mehl nun gleichmäßig auf das heiße Fett streuen. Die Mehlmenge richtet sich nach dem jeweiligen Rezept.

3 Mehl und Fett verrühren
Mit einem Schneebesen das Mehl nun gut mit dem Fett verrühren. Das Mehl saugt das Fett auf und erhält dadurch eine gelbliche Farbe.

4 Kochen lassen
Die Mehlschwitze nun 1 Minute (oder je nach Rezept auch länger) kochen. Je länger die Kochzeit, desto dunkler und würziger wird die Mehlschwitze, bindet jedoch weniger stark.

5 Heiße Flüssigkeit zugießen
Nun die Flüssigkeit einrühren, die angedickt werden soll; dabei darauf achten, dass die Flüssigkeit heiß ist, damit es bei der Zugabe zur Mehlschwitze nicht spritzt.

6 Konsistenz und Geschmack prüfen
Mit Mehlschwitze zubereitete Saucen sind leicht trüb. Die Sauce abschmecken. Falls Sie noch einen mehligen Geschmack hat, sollte sie noch etwas länger gekocht werden.

Bouquet garni

1 Die Zutaten einwickeln

Ein kleines Musselintuch ausspülen
und auswringen. Dann das Tuch ausbreiten und die Kräuter und Gewürze
in die Mitte legen.

Chilis verarbeiten

1 Chili vierteln

Da das in Chilis enthaltene Capsaicin
Hautreizungen verursachen kann, sollten Sie mit Einweghandschuhen
arbeiten. Die Chili mit einem Messer
längs halbieren, dann vierteln.

2 Samen und Rippen entfernen

Von den Chilivierteln die Samen,
weißen Rippen und Stielansätze entfernen. Das Capsaicin ist vor allem
in den Kernen enthalten. Entfernt
man diese, schmeckt die Chili milder.

2 Zusammenbinden

Die Ecken des Tuchs über der Mitte
zusammennehmen, mit Küchengarn
umwickeln und verknoten.

3 Viertel in Streifen schneiden

Die Viertel mit der Schnittfläche nach
oben auf die Arbeitsfläche legen und
in 3 mm breite Streifen schneiden.

4 Streifen hacken

Die Chilistreifen nebeneinander
legen und quer in 3 mm große Stücke
schneiden.

Deglacieren

1 Flüssigkeit in die heiße Pfanne geben

Den Bratensatz bei mittlerer bis hoher Temperatur in einer Pfanne zum Kochen bringen. Nun die Brühe oder andere Flüssigkeit zugießen.

Saucen mit Butter binden

1 Butter würfeln

Die Butter sollte vor der Verarbeitung gut gekühlt werden. Die Butter nun längs in Riegel und diese quer in Würfel schneiden.

2 Butterwürfel zugeben

Die warme Sauce vom Herd nehmen oder die Hitze reduzieren. Die Butterwürfel portionsweise unter die Sauce rühren.

2 Bratensatz deglacieren

Sobald die Flüssigkeit kocht, den Bratensatz mit einem Holzspatel vom Pfannenboden lösen. Er verbindet sich mit der Flüssigkeit, und es entsteht eine wunderbar aromatische Sauce.

3 Die Butter unterschlagen

Die Sauce so lange verrühren, bis sich die Butterwürfel aufgelöst haben; dabei die Sauce kräftig mit dem Schneebesen aufschlagen, damit sich die Zutaten gut verbinden.

4 Die Konsistenz prüfen

Durch das Binden mit Butter erhält die Sauce mehr Volumen, einen feinen Glanz, eine glatte Konsistenz und dickt leicht an.

Eine geronnene Sauce hollandaise retten

GEWUSST WIE

Gibt man bei der Zubereitung von Sauce hollandaise die Butter zu schnell zu den Eiern, gerinnt sie. Im Folgenden wird erklärt, wie sich die Sauce noch retten lässt.

1 Sauce in einen Messbecher füllen

Eine geronnene Sauce hollandaise lässt sich retten, indem man vorsichtig frisches Eigelb unterrührt. Dafür die Sauce in einen Messbecher füllen.

2 Schüssel ausspülen

Die Rührschüssel nun sorgfältig ausspülen und abtrocknen, ehe sie erneut verwendet wird.

3 Frisches Eigelb vorbereiten

2 Eigelb in die Schüssel geben. 1 Esslöffel Wasser zufügen und alles mit einem elektrischen Handrührgerät cremig rühren. Die Schüssel auf einen Topf mit köchelndem Wasser stellen.

4 Geronnene Sauce unterrühren

Bei laufendem Handrührgerät die geronnene Sauce portionsweise und langsam zugießen. (Die Sauce ist im ersten Versuch geronnen, weil die Butter zu schnell zugefügt wurde.)

5 Konsistenz prüfen

Die Sauce so lange mit dem Eigelb verrühren, bis sie eine glatte, cremige Konsistenz hat. Die Sauce abschmecken und servieren.

GEWUSST WIE

Gießt man bei der Zubereitung von Mayonnaise das Öl zu schnell zu den Eiern, trennen sich die Fett- und Wasserbestandteile und die Sauce gerinnt. Im Folgenden wird erklärt, wie sich die Sauce noch retten lässt.

Eine geronnene Mayonnaise retten

1 Die Sauce in einen Messbecher füllen

Eine geronnene Mayonnaise lässt sich retten, indem man vorsichtig frisches Eigelb unterrührt. Dafür die Sauce in einen Messbecher füllen.

2 Schüssel ausspülen

Die Rührschüssel nun sorgfältig ausspülen und abtrocknen, ehe sie erneut verwendet wird.

3 Frisches Eigelb vorbereiten

1 Eigelb und 1 Esslöffel der geronnenen Mayonnaise in die Rührschüssel geben und mit einem elektrischen Handrührgerät cremig rühren.

4 Geronnene Mayonnaise zugeben

Bei laufendem Handrührgerät die geronnene Mayonnaise portionsweise und langsam zugießen. (Die Sauce ist im ersten Versuch geronnen, weil das Öl zu schnell zugefügt wurde.)

5 Die Konsistenz prüfen

Die Sauce so lange mit dem Eigelb verrühren, bis sie eine glatte, cremige Konsistenz hat. Die Mayonnaise abschmecken und servieren.

3

Bratensaucen & reduzierte Saucen

Die Grundlage aller Saucenrezepte dieses Kapitels bilden Garsud und Braten- oder Pfannensatz, der beim Garen bestimmter Gerichte im Bräter oder der Pfanne übrig bleibt. Vor allem der dunkle Bratensatz, der beim Braten von Fleisch entsteht, verleiht vielen Saucen eine würzige Note und eine schöne dunkelbraune Farbe. Diese Saucen werden meist mit Speisestärke oder Mehl angedickt. In diesem Kapitel erfahren Sie auch allerlei Wissenswertes über das Braten in der Pfanne und im Ofen, damit Sie eine wunderbare Grundlage für Ihre Saucen erhalten.

Bratensauce aus der Pfanne

Die Zubereitung dieser Sauce, die meist zu Fleisch serviert wird, ist kinderleicht. Der Braten- oder Pfannensatz wird mit Brühe verrührt und so lange gekocht, bis die Sauce andickt. Die Sauce schmeckt so würzig, dass schon wenige Löffel reichen, um einem einfachen Gericht ein wunderbares Aroma zu verleihen.

1 Die Koteletts würzen
Die Koteletts auf beiden Seiten salzen und pfeffern und beiseitestellen.

2 Die richtige Pfanne
Ideal ist eine große Pfanne mit 30 cm Ø und einem Glasdeckel. Die Koteletts sollten nicht zu dicht aneinander in der Pfanne liegen, da sie sonst zu unregelmäßig bräunen. Sie können zum Anbräunen der Koteletts auch 2 Pfannen verwenden. Verwenden Sie lieber unbeschichtete Pfannen, da sich in ihnen mehr Bratensatz bildet, der als Grundlage für die Sauce benötigt wird.

3 Die Koteletts anbraten
Das Öl in der Pfanne bei mittlerer Temperatur erhitzen. Die Koteletts zugeben und 2 Minuten anbraten, dann wenden und weitere 5 Minuten braten. Die Pfanne bedecken und die Koteletts 3 Minuten garen. Das Fleisch erneut wenden und weitere 3 Minuten garen. (Die Koteletts sollten fest, aber nicht trocken sein.) Die Koteletts auf eine Platte legen und lose mit Alufolie abdecken.

4 Den Pfannen- oder Bratensatz beurteilen
Der Pfannensatz sollte eine dunkelbraune Farbe haben, damit die Sauce später ebenfalls eine schöne dunkle Farbe erhält und wunderbar würzig schmeckt. Bratensatz kann, im Unterschied zu Pfannensatz, manchmal zu hell sein. In diesem Fall sollte der Bräter auf die Herdplatte gestellt (große, ovale Bräter auf 2 Herdplatten) und der Bratensatz bei hoher Temperatur erhitzt werden, bis er eine dunklere Farbe annimmt. ›

Für die Schweinekoteletts

½ TL Salz

⅛ TL frisch gemahlener schwarzer Pfeffer

4 Schweinekoteletts à 250 g, abgespült und trocken getupft

2 EL Rapsöl

Für die Bratensauce

350 ml Fleischbrühe (siehe Seite 20) oder Hühnerbrühe (siehe Seite 18)

1 EL zimmerwarme Butter, plus 2 EL kalte Butter zum Binden

½ Schalotte, fein gehackt

2 EL Wasser (nach Belieben)

1½ TL Speisestärke (nach Belieben)

¼ TL Salz

¼ TL frisch gemahlener schwarzer Pfeffer

1 EL frisch gehackte Salbeiblätter (nach Belieben)

ERGIBT ETWA 250 ML

> **EMPFEHLUNG**
> *Anstelle von Schweinekoteletts können Sie auch Rindersteaks, Hähnchenfilets oder Lammmedaillons verwenden.*

5 >>

5 Den Garsud entfetten

Den Garsud aus der Pfanne oder dem Bräter in einen großen Messbecher oder Fetttrenner (siehe Bild) gießen. Beim Braten im Ofen entsteht meist mehr Sud als beim Braten in der Pfanne. Den Saft einige Minuten stehen lassen, damit sich das Fett absetzt. Wenn Sie einen Messbecher verwenden, das Fett nun mit einem Esslöffel von der Oberfläche abschöpfen. Aus einem Fetttrenner gießen Sie den Saft vorsichtig in den Messbecher und entsorgen das zurückbleibende Fett. Den Saft mit etwas Brühe auf 375 ml auffüllen.

6 Die Schalotte anbraten

Den Pfannensatz in der Pfanne bei hoher Temperatur erhitzen und die zimmerwarme Butter darin zerlassen und erhitzen. Die Schalotte zufügen und unter Rühren 1 Minute glasig dünsten.

7 Deglacieren und reduzieren

Ausführliche Informationen zum Deglacieren des Bratensatzes finden Sie auf Seite 41. Brühe und Garsud in die Pfanne gießen, aufkochen und den Bratensatz mit einem Holzspatel vom Boden lösen. Sobald sich der Bratensatz in der Brühe aufgelöst hat, die Mischung weitere 3 Minuten kochen, bis sie auf etwa 250 ml reduziert ist. Die genaue Kochzeit hängt von der Pfannengröße ab. Saucen, deren Menge durch das Verdampfen von Flüssigkeit beim Kochen verringert wird, nennt man auch reduzierte oder eingekochte Saucen. Die Pfanne gelegentlich schräg halten, um die Flüssigkeitsmenge besser einschätzen zu können. ›

PROFITIPP

Dieses Rezept ergibt eine Sauce für 4 Personen, also etwa 60 ml pro Person. Wenn Sie für mehr Personen kochen, geben Sie einfach entsprechend mehr Brühe zum Bratensatz. Die Sauce wird dann um ein Drittel reduziert und mit entsprechend mehr Speisestärke oder Butter gebunden.

8 Die Konsistenz der Sauce prüfen

Die Pfanne neigen, um die Konsistenz der Sauce zu prüfen. Ist sie zu flüssig, kann sie mit etwas Speisestärke angedickt werden. Dazu das Wasser in eine kleine Schüssel geben, die Speisestärke zufügen und mit einer Gabel glatt rühren. Die Hälfte der Mischung unter die Sauce rühren und 1 Minute aufkochen, bis die Sauce andickt. Ist die Sauce noch zu flüssig, noch etwas Speisestärkenmischung zugießen und erneut aufkochen. Ausführliche Informationen zum Andicken mit Speisestärke finden Sie auf Seite 38. Dickt die Sauce zu sehr an, kann sie mit etwas Wasser, Brühe oder Garsud verdünnt werden. Ist sie zu dünn, sollte sie 1 weitere Minute gekocht werden, um sie etwas zu reduzieren.

PROFITIPP

Noch feiner schmeckt die Sauce, wenn Sie die Speisestärke nicht mit Wasser, sondern mit Wein oder Brühe anrühren. Fügen Sie auch den Fleischsaft zu, der sich auf der Platte gesammelt hat, während das Fleisch geruht hat.

9 Die Sauce mit Butter binden

Die Pfanne vom Herd nehmen. Ausführliche Informationen zum Binden mit Butter finden Sie auf Seite 41. Die kalte Butter in kleine Würfel schneiden. Die Würfel portionsweise zur Sauce geben und mit einem Schneebesen verrühren, bis sich die Butter aufgelöst hat. Erst dann den nächsten Butterwürfel zufügen und den Vorgang wiederholen. Durch das Binden mit Butter erhält die Sauce eine cremige Konsistenz und einen schönen Glanz.

10 Abschmecken

Mit Salz, Pfeffer und, nach Belieben, Salbei abschmecken. Das Fleischaroma sollte schön herauszuschmecken sein. Falls die Sauce zu fad schmeckt, sollte sie entsprechend nachgewürzt werden.

11 Die Sauce servieren

Die Koteletts auf vorgewärmte Teller verteilen und etwas Bratensauce darübergießen. Die restliche Sauce in eine Sauciere füllen und separat zum Gericht servieren.

Serviervorschläge

Die Zubereitung der Sauce wurde ausführlich anhand von Schweinekoteletts erklärt, die mit Salbei gewürzt werden. Sie können natürlich auch anderes Fleisch verwenden und mit passenden Kräutern kombinieren. Der Geschmack einer Bratensauce lässt sich vielfältig abwandeln. Auf den Seiten 52–53 finden Sie dazu einige Anregungen.

Steak mit Petersilien-Bratensauce (oben links)
Glatte Petersilie ist sehr aromatisch und schmeckt sehr gut zu Fleisch und Geflügel – hier z. B. zu zarten Rindfleischscheiben.

Hähnchenbrust mit Estragon-Bratensauce (links)
Estragon schmeckt sehr gut zu Geflügel- und Fischgerichten. Rind- oder Schweinefleisch würden das zarte Aroma zu sehr überlagern. Diese Sauce kann auch zu Kalbsmedaillons gereicht werden.

Lammmedaillons mit Minz-Bratensauce (oben)
Lammfleisch und Minze werden in England gerne kombiniert. Hier wird zu zarten Lammmedaillons eine mit Minze verfeinerte Bratensauce gereicht.

Bratensaucen-Variationen

Eine Bratensauce aus der Pfanne wird aus Bratensatz, Brühe und Gewürzen hergestellt (siehe Seite 47). Diese Sauce lässt sich jedoch sehr gut variieren. Sobald Sie sich die Zubereitung des Grundrezepts angeeignet haben, haben Sie die nötige Kenntnis, das Rezept abzuwandeln. Kombinieren Sie die Saucen ganz nach Ihrem Geschmack mit verschiedenen Fleischsorten, die in der Pfanne oder im Ofen gegart werden. Achten Sie jedoch darauf, dass Sie für Geflügelgerichte Hühnerbrühe und für alle anderen Fleischgerichte Fleischbrühe verwenden.

Bratensauce mit Weißwein

Weißwein verleiht dieser Sauce eine milde Säure, die gut mit gebratenen Hähnchenbrustfilets harmoniert.

Das Fleisch braten, den Bratensaft entfetten und mit Fleischbrühe (siehe Seite 20) oder Hühnerbrühe (siehe Seite 18) auf 250 ml auffüllen. Falls der Bratensatz zu hell ist, sollte er kurz angeröstet werden.

1 Esslöffel zimmerwarme Butter zum Bratensatz geben und zerlassen. ½ fein gehackte Schalotte zufügen und 1 Minute weich dünsten. 125 ml trockenen Weißwein (z. B. Sauvignon blanc oder Pinot Grigio) zugießen und etwa 30 Sekunden kochen, bis er auf die Hälfte reduziert ist. Brühenmischung zufügen und alles 3 Minuten kochen, bis die Sauce auf etwa 250 ml reduziert ist.

Falls die Sauce zu flüssig, 2 Esslöffel Wasser mit 1½ Teelöffel Speisestärke verrühren, langsam zur Sauce gießen und so lange kochen, bis sie die gewünschte Konsistenz hat. Die Pfanne vom Herd nehmen und 2 Esslöffel kalte Butterwürfel einzeln unterrühren, bis die Sauce eine cremige Konsistenz hat und schön glänzt. Abschmecken und servieren.

Bratensauce mit Madeira

Diese aromatische Sauce schmeckt zu Entenbrust oder einem dicken Rib-Eye-Steak. Sie können den Madeira auch durch trockenen Sherry oder dunklen Portwein ersetzen.

Das Fleisch braten, den Bratensaft entfetten und mit Fleischbrühe (siehe Seite 20) oder Hühnerbrühe (siehe Seite 18) auf 310 ml auffüllen. Falls der Bratensatz zu hell ist, sollte er kurz angeröstet werden.

1 Esslöffel zimmerwarme Butter zum Bratensatz geben und zerlassen. ½ fein gehackte Schalotte zufügen und 1 Minute weich dünsten. 60 ml Madeira zugießen und etwa 30 Sekunden kochen, bis er auf die Hälfte reduziert ist. Brühenmischung zufügen und alles 3 Minuten kochen, bis die Sauce auf etwa 250 ml reduziert ist.

Falls die Sauce zu flüssig ist, 2 Esslöffel Wasser mit 1½ Teelöffel Speisestärke verrühren, zur Sauce gießen und so lange kochen, bis sie die gewünschte Konsistenz hat. Vom Herd nehmen und 2 Esslöffel kalte Butterwürfel einzeln unterrühren, bis die Sauce eine cremige Konsistenz hat und schön glänzt. Abschmecken und servieren.

Bratensauce mit Sahne & Kräutern

Diese Variante schmeckt ausgezeichnet zu Hähnchen, Schweinefleisch oder Kalb.

Das Fleisch braten, den Bratensaft entfetten und mit Fleischbrühe (siehe Seite 20) oder Hühnerbrühe (siehe Seite 18) auf 310 ml auffüllen. Falls der Bratensatz zu hell ist, sollte er kurz angeröstet werden. 1 Esslöffel zimmerwarme Butter zum Bratensatz geben und zerlassen. ½ fein gehackte Schalotte zufügen und 1 Minute weich dünsten. 60 g Schlagsahne und 1 Esslöffel gehackte Petersilie (oder Schnittlauch) zugeben und etwa 30 Sekunden kochen, bis er auf die Hälfte reduziert ist. Brühenmischung zufügen und alles 3 Minuten kochen, bis die Sauce auf 250 ml reduziert ist.

Falls die Sauce zu flüssig ist, 2 Esslöffel Wasser mit 1½ Teelöffel Speisestärke verrühren, zur Sauce gießen und so lange kochen, bis sie die gewünschte Konsistenz hat. Vom Herd nehmen und 2 Esslöffel kalte Butterwürfel einzeln unterrühren, bis die Sauce eine cremige Konsistenz hat und schön glänzt. Abschmecken und servieren.

Bratensauce mit Senf

Anstelle von Dijon-Senf können Sie auch einen würzigen Kräutersenf verwenden. Diese Sauce schmeckt wunderbar zu gebratenen Hähnchenbrustfilets.

Das Fleisch braten, den Bratensaft entfetten und mit Fleischbrühe (siehe Seite 20) oder Hühnerbrühe (siehe Seite 18) auf 375 ml auffüllen. Falls der Bratensatz zu hell ist, sollte er kurz angeröstet werden.

1 Esslöffel zimmerwarme Butter zum Bratensatz geben und zerlassen. ½ fein gehackte Schalotte zufügen und 1 Minute weich dünsten. Brühenmischung zufügen und alles 3 Minuten kochen, bis die Sauce auf etwa 250 ml reduziert ist.

Falls die Sauce zu flüssig ist, 2 Esslöffel Wasser mit 1½ Teelöffel Speisestärke verrühren, zur Sauce gießen und so lange kochen, bis sie die gewünschte Konsistenz hat. Vom Herd nehmen und 2 Esslöffel kalte Butterwürfel einzeln unterrühren, bis die Sauce eine cremige Konsistenz hat und schön glänzt. 1½ Esslöffel Dijon-Senf einrühren. Abschmecken und servieren.

> **PROFITIPP**
>
> *Für eine Sauce, die Sie zu Geflügel reichen, sollten Sie Hühnerbrühe verwenden. Zu Rind und Wild sollte eine Sauce auf Rind- oder Kalbfleischbrühen-basis serviert werden. Saucen, die zu Schweinefleisch serviert werden, können sowohl aus Fleisch- als auch Hühnerbrühe bestehen.*

Bratensauce mit grünem Pfeffer

Diese Sauce unterstreicht das Aroma von Rinderfilet oder -medaillons.

Das Fleisch braten, den Bratensaft entfetten und mit Fleischbrühe (siehe Seite 20) oder Hühnerbrühe (siehe Seite 18) auf 310 ml auffüllen. Falls der Pfannensatz zu hell ist, sollte er kurz angeröstet werden.

1 Esslöffel zimmerwarme Butter zum Bratensatz geben und zerlassen. ½ fein gehackte Schalotte zufügen und 1 Minute weich dünsten. 60 g Crème double und 2 Esslöffel abgespülte und abgetropfte grüne Pfefferkörner zugeben. 30 Sekunden kochen, um die Flüssigkeit auf die Hälfte zu reduzieren. Brühenmischung zufügen und alles 3 Minuten kochen, bis die Sauce auf etwa 250 ml reduziert ist.

Falls die Sauce zu flüssig ist, 2 Esslöffel Wasser mit 1½ Teelöffel Speisestärke verrühren, zur Sauce gießen und so lange kochen, bis sie die gewünschte Konsistenz hat. Vom Herd nehmen und 2 Esslöffel kalte Butterwürfel einzeln unterrühren, bis die Sauce eine cremige Konsistenz hat und schön glänzt. Abschmecken und servieren.

Bratensauce mit Bourbon-Whisky

Damit die Sauce nicht zu stark nach Bourbon schmeckt, wird dieser flambiert. Diese Sauce schmeckt wunderbar zu Steaks.

Das Fleisch braten, den Bratensaft entfetten und mit Fleischbrühe (siehe Seite 20) oder Hühnerbrühe (siehe Seite 18) auf 375 ml auffüllen. Falls der Bratensatz zu hell ist, sollte er kurz angeröstet werden.

80 ml Bourbon-Whisky in einem kleinen Topf bei niedriger Temperatur erhitzen, jedoch nicht aufkochen. Einen Deckel zum Ersticken der Flammen bereitlegen. Den heißen Bourbon mit einem langen Streichholz anzünden. Dabei das Gesicht abwenden. Den Bourbon 30 Sekunden flambieren, dann den Topf abdecken, um die Flammen zu ersticken. Den flambierten Bourbon zur Brühenmischung geben.

1 Esslöffel zimmerwarme Butter zum Bratensatz geben und zerlassen. ½ fein gehackte Schalotte zufügen und 1 Minute weich dünsten. Brühenmischung zufügen und alles 3 Minuten kochen, bis die Sauce auf etwa 250 ml reduziert ist.

Falls die Sauce zu flüssig ist, 2 Esslöffel Wasser mit 1½ Teelöffel Speisestärke verrühren, zur Sauce gießen und so lange kochen, bis sie die gewünschte Konsistenz hat. Vom Herd nehmen und 2 Esslöffel kalte Butterwürfel einzeln unterrühren, bis die Sauce eine cremige Konsistenz hat und schön glänzt.

Klassische Bratensauce

Klassische Bratensauce wird mit einer Mehlschwitze zubereitet und ist dadurch dickflüssiger als eine Bratensauce aus der Pfanne. Besonders aromatisch wird die Sauce, wenn für die Mehlschwitze das Fett verwendet wird, das beim Garen aus dem Fleisch ausgetreten ist.

1 Backofen vorheizen und Bräter auswählen

Den Backofen auf 200 °C vorheizen. Bei dieser Temperatur wird die Haut der Poularde schön knusprig und die Saucenbasis aromatisch. Einen Bräter aussuchen, in dem die Poularde reichlich Platz hat. Die Luft muss ringsum zirkulieren können, damit sie gleichmäßig gart und bräunt. Der Bräter sollte aber auch nicht zu groß sein, da sonst der Bratensaft verdampft oder verbrennt. Verwenden Sie lieber einen unbeschichteten Bräter, da sich in diesem mehr Bratensatz bildet.

2 Die Poularde vorbereiten

Die Poularde gut abspülen und mit Küchenpapier trocken tupfen. Die Haut mit der zimmerwarmen Butter einreiben und die Poularde außen und innen mit Salz und Pfeffer würzen. Zwiebel und Rosmarin in die Bauchhöhle geben. Nach Belieben die Keulen mit Küchengarn zusammenbinden und die Flügelspitzen unter den Rücken schieben.

3 Die Poularde braten

Ein kleines angewinkeltes Bratengitter in den Bräter stellen und mit etwas Öl einfetten. Die Poularde seitlich auf das Gitter legen und den Bräter in den Ofen schieben. Die Poularde 30 Minuten garen, dann auf die andere Seite drehen und weitere 30 Minuten braten. Die Poularde nun auf den Rücken legen und weitere 45 Minuten garen. Ein Bratenthermometer an der dicksten Stelle einer Keule einstechen. Wenn es eine Kerntemperatur von 77 °C anzeigt, ist die Poularde gar. (Die Garzeit liegt also insgesamt bei etwa 1¾–2 Stunden. Einen Kochlöffel in die Bauchhöhle schieben und die Poularde etwas kippen, sodass der Fleischsaft in den Bräter läuft. Die Poularde auf eine vorgewärmte Servierplatte legen und 10–15 Minuten ruhen lassen. In der Zwischenzeit die Bratensauce vorbereiten.

4 Den Bratensatz prüfen

Der Bratensatz auf dem Boden des Bräters sollte eine kräftige dunkelbraune Farbe haben. Gerade bei Geflügel kann es vorkommen, dass er zu hell ist. In diesem Fall sollte der Bräter auf die Herdplatte gestellt (große, ovale Bräter auf 2 Herdplatten) und der Bratensatz bei hoher Temperatur erhitzt werden, bis er eine dunklere Farbe annimmt. ❯

Für die Poularde

1 küchenfertige Poularde (2,5–3 kg)

2 EL zimmerwarme Butter

½ TL Salz

¼ TL frisch gemahlener schwarzer Pfeffer

1 kleine Zwiebel, geschält und geviertelt

2 frische Rosmarin- oder Thymianstängel

Pflanzenöl, zum Einfetten

Für die Bratensauce

500 ml Hühnerbrühe (siehe Seite 18)

2 EL zerlassene Butter

3 EL Mehl

¼ TL Salz

¼ TL frisch gemahlener schwarzer Pfeffer

ERGIBT ETWA 500 ML

PROFITIPP

Man sollte etwa 125 ml Sauce pro Person einplanen. Falls Sie etwas mehr oder weniger Sauce benötigen, sollten Sie folgende Formel beachten: Für 250 ml Flüssigkeit (Bratensaft und Brühe) brauchen Sie für die Mehlschwitze je 1½ Esslöffel Fett und Mehl. Wenn Sie dieses Mengenverhältnis beachten, können Sie die Saucenmenge der Personenzahl einfach anpassen.

Ein Fetttrenner ist eine Art Messbecher mit Tülle. Der Bratensaft sinkt nach unten und das Fett steigt an die Oberfläche. So lässt sich der Saft durch die tief sitzende Tülle leicht ausgießen und das Fett bleibt zurück.

Ein abgeflachter Schnee-
besen ist für die Zubereitung
einer Mehlschwitze sehr
praktisch, da man mit ihm
auch den Bratensatz in den
Ecken bzw. Rundungen des
Bräters loslösen kann.

5 Den Bratensaft entfetten

Den Bratensaft in einen Fetttrenner oder großen Messbecher gießen und so lange stehen lassen, bis sich das Fett an der Oberfläche abgesetzt hat. Aus einem Fetttrenner den Bratensaft nun vorsichtig in einen großen Messbecher gießen und das Fett vorerst aufbewahren. Falls Sie einen Messbecher verwenden, das Fett mit einem Löffel von der Oberfläche abschöpfen und aufbewahren.

6 Fett und Bratensaft auffüllen (bei Bedarf)

Sie benötigen 500 ml Bratensaft und 3 EL Fett. Falls nötig, den Bratensaft mit etwas warmer Brühe auffüllen und die Fettmenge mit zerlassener Butter ergänzen. Achten Sie darauf, dass Sie für die Mehlschwitze das richtige Verhältnis von Fett und Mehl verwenden, denn dies entscheidet über den Geschmack und die Konsistenz der Sauce. Wird zu wenig Fett verwendet, wird die Mehlschwitze bröselig und fad.

7 Die Mehlschwitze zubereiten

Ausführliche Informationen zum Zubereiten einer Mehlschwitze finden Sie auf Seite 39. Den Bräter auf 1 oder 2 Herdplatten stellen und erhitzen. Das zurückbehaltene Bratenfett zugeben und erwärmen. Das Mehl darüberstreuen und mit einem flachen Scheebesen unter das Fett rühren. Die Mehlschwitze 1 Minute unter Rühren anbraten, bis sie eine dunkelbraune Farbe angenommen hat. (Länger sollte sie nicht angebraten werden, da sie sonst nicht mehr richtig bindet.)

8 Die Mehlschwitze abkühlen lassen.

Den Bräter vom Herd nehmen und die Mehlschwitze 1 Minute abkühlen lassen. So vermeiden Sie, dass es beim Ablöschen mit der heißen Brühe zu stark spritzt.

PROFITIPP

*Falls Sie an Weihnachten einen Trut-
hahnbraten servieren, können Sie bei der
Gelegenheit auch eine Truthahnbrühe
herstellen. Dazu gehen Sie einfach nach
dem Grundrezept für Hühnerbrühe (siehe
Seite 18) vor, verwenden aber anstatt
Huhn die kleineren Truthahnteile, die Sie
nicht für den Braten brauchen.*

9 Ablöschen und reduzieren

Die Mehlschwitze mit der Bratensaftmischung ablöschen und den Bräter zurück auf den Herd stellen. Aufkochen und den Bratensatz mit dem Schneebesen oder einem Holzspatel vom Boden lösen. Die Temperatur reduzieren und die Sauce unter Rühren köcheln lassen, bis sie etwas andickt. Je nach Größe des Bräters kann dies bis zu 10 Minuten dauern. Bei größeren Brätern verdampft die Flüssigkeit schneller als bei kleineren.

10 Die Konsistenz der Sauce prüfen

Die Sauce sollte so dickflüssig sein, dass sie an der Rückseite eines Holzkochlöffels nach dem Umrühren haften bleibt. Falls die Sauce zu dickflüssig ist, kann sie mit etwas heißer Brühe oder Wasser verdünnt werden. Ist sie zu dünnflüssig, sollte sie noch einige Minuten gekocht werden.

11 Abschmecken und abseihen

Die Sauce mit Salz und Pfeffer würzen. Sie sollte sehr würzig schmecken und ein schönes Geflügelaroma haben. Die Sauce durch ein feinmaschiges Sieb in einen Topf gießen. Dabei werden ungelöste Rückstände des Bratensatzes entfernt und die Sauce wird feiner. Die Sauce bei geringer Temperatur warm halten.

12 Die Poularde tranchieren

Eine große Sauciere in heißes Wasser stellen, um sie vorzuwärmen. Die Poularde mithilfe eines scharfen Messers und einer Fleischgabel tranchieren. Dazu zuerst die Haut zwischen Brust und Keulen einschneiden, um die Gelenke zu finden und diese durchtrennen. Die Keulen zuerst im Ganzen abschneiden, dann am Gelenk zwischen Ober- und Unterkeule durchtrennen. Nun die Haut zwischen Flügel und Brust einschneiden, die Gelenke durchtrennen und die Flügel abschneiden. Die Brust zuerst in Längsrichtung bis zum Knochen einschneiden, dann jeweils die gelösten Hälften quer in Scheiben schneiden.

13 Die Sauce servieren

Die Sauciere aus dem heißen Wasser heben, abtrocknen und die Sauce hineinfüllen. Das Fleisch auf einer Servierplatte oder -tellern anrichten und sofort servieren. Die Sauce separat dazu reichen.

Serviervorschläge

Aus dem Bratensatz und -saft jeder im Ofen gegarter Fleischsorte kann eine schmackhafte Bratensauce zubereitet werden. Bratensauce, die zu Rindfleisch oder Wild serviert wird, sollte mit Fleisch- anstatt Hühnerbrühe zubereitet werden (siehe Seite 20). Achten Sie darauf, dass Sie das Fleisch nicht in Sauce ertränken, denn der Geschmack der Bratensauce ist so intensiv, dass er das Fleischaroma schnell überlagert.

Bratensauce zu Geflügel (oben links)
Statt die Sauce separat zu reichen, können Sie sie auch schon über das Poulardenfleisch gießen. Das Fleisch dazu in Scheiben schneiden, auf Servierteller verteilen und mit einem Löffel etwas Bratensauce darüber verteilen.

Poulardenfleisch und Sauce auf Toast (links)
Diesen herzhaften Imbiss können Sie am nächsten Tag aus den Resten herstellen. 1 Scheibe Brot toasten. Das Fleisch in mundgerechte Stücke zerteilen und auf dem Brot verteilen. Mit warmer Bratensauce übergießen und servieren.

Kartoffelpüree mit Bratensauce (oben)
Bratensauce schmeckt hervorragend zu Kartoffelpüree. Mit einem Löffel Vertiefungen ins Püree drücken und etwas Bratensauce darübergießen.

Béchamelsauce

Béchamelsauce ist eine der beliebtesten hellen Saucen. Eine dünnflüssige Bécha-melsauce kann als Suppenbasis, eine dickflüssige für Soufflés verwendet werden. Das folgende Rezept ergibt eine Béchamel, deren Konsistenz zwischen dünn- und dickflüssig liegt und daher für die verschiedensten Gerichte geeignet ist.

1 Eine Zwiebelscheibe abschneiden

Die Zwiebel mit einem Messer längs halbieren und die Schale entfernen. Von einer Hälfte eine 5 mm dicke Zwiebelscheibe abschneiden. Für die Sauce benötigen Sie nur diese Scheibe. Die restliche Zwiebel anderweitig verwenden.

2 Zwiebel und Lorbeerblatt in der Milch ziehen lassen

Béchamelsauce sollte zwar eher neutral schmecken, doch durch die Zwiebel-scheibe und das Lorbeerblatt erhält sie ein etwas feineres Aroma. Milch, Zwiebel und Lorbeerblatt in einen kleinen Topf geben und bei mittlerer Temperatur 5 Minuten erhitzen, bis am Topfrand kleine Bläschen aufsteigen. Durch das Erhitzen gehen die Aromen von Zwiebel und Lorbeerblatt besser in die Milch über. Die Milch nicht aufkochen, sonst bildet sich eine Haut, die der Konsistenz der Sauce schadet. Den Topf vom Herd nehmen und Zwiebel sowie Lorbeerblatt 10 Minuten in der Milch ziehen lassen. Zwiebel und Lorbeerblatt mit einem Schaumlöffel entfernen. Den Topf bedecken, um die Milch warm zu halten.

3 Der richtige Topf

Zum Kochen der Sauce brauchen Sie einen großen Topf, der 2,5–3 l fasst. Das mag für die Saucenmenge sehr groß erscheinen, ist aber notwendig, um die Sauce gut mit dem Schneebesen verrühren zu können. In einem bauchigen, konischen Topf lässt sich das Mehl besser verrühren. Wenn es sich am Rand absetzt, kann es anbrennen und den Geschmack der Sauce beeinträchtigen. >

1 kleine Zwiebel

500 ml Milch

½ Lorbeerblatt

3 EL Butter, plus 1 EL kalte Butterwürfel, falls Sie die Sauce aufbewahren wollen

3 EL Mehl

¼ TL Salz

⅛ TL frisch gemahlener weißer Pfeffer

ERGIBT ETWA 500 ML

PROFITIPP

Für helle Saucen sollten Sie besser weißen Pfeffer verwenden. Weißer Pfeffer schmeckt milder und ist im Gegensatz zu schwarzem Pfeffer nicht in der Sauce zu erkennen.

EMPFEHLUNG

Kann für Lasagne und andere überbacke-ne Gerichte oder als Grundlage für Käse-saucen und Gratins verwendet werden.

4 Die Mehlschwitze herstellen

Ausführliche Informationen zum Zubereiten einer Mehlschwitze finden Sie auf Seite 39. 3 Esslöffel Butter bei mittlerer Temperatur im Topf zerlassen. Das Mehl darüberstreuen und mit einem flachen Scheebesen unter das Fett rühren. Die Temperatur reduzieren. Die Mehlschwitze 2 Minuten unter Rühren anbraten, bis sie eine leicht gelbliche Farbe annimmt. Sie darf nicht anbräunen, da die Sauce sonst zu dunkel wird. Den Topf vom Herd nehmen und die Mehlschwitze 1 Minute abkühlen lassen.

5 Die Sauce kochen

Nun langsam die warme Milch zur Mehlschwitze gießen und mit dem Schneebesen mit der Mehlschwitze verrühren; dafür immer wieder mit dem Schneebesen über den Topfboden fahren. Den Topf zurück auf den Herd stellen und bei mittlerer Temperatur die Mischung unter Rühren aufkochen. Die Temperatur reduzieren und die Sauce weitere 5 Minuten unter Rühren köcheln lassen, bis sie andickt. (Vorsicht! Die Sauce brennt leicht an.)

6 Geschmack und Konsistenz prüfen

Falls die Sauce mehlig schmeckt, sollte sie noch etwas länger köcheln. Die Sauce sollte so dickflüssig sein, dass sie an der Rückseite eines Holzkochlöffels nach dem Umrühren haften bleibt. Wird die Sauce für eine Lasagne oder zum Überbacken verwendet, sollte sie nun mit Salz und Pfeffer abgeschmeckt werden. Falls Sie eine Käsesauce zubereiten möchten, wird die Sauce erst nach dem Zugeben des Käses gewürzt, weil dieser je nach Sorte schon viel Salz enthält.

7 Abschmecken

Die Sauce abschmecken: Sie sollte cremig und mild schmecken und ein leichtes Zwiebel- und Lorbeeraroma besitzen. Würzen Sie die Sauce nach Belieben mit Salz und Pfeffer.

8 Die Sauce servieren oder aufbewahren

Die Sauce nun sofort servieren oder auch aufbewahren. Um sie bis zu 2 Stunden aufzubewahren, 1 Esslöffel kalte Butterwürfel auf der Oberfläche verteilen. Die Butter schmilzt und verhindert, dass sich eine Haut auf der Sauce bildet. Im Kühlschrank kann die Sauce bis zu einem Tag aufbewahrt werden. Dazu die Sauce in einen luftdicht verschließbaren Behälter füllen und ebenfalls Butterwürfel auf der Oberfläche verteilen. Ein Stück Frischhaltefolie oder Backpapier direkt auf die Sauce legen und diese abkühlen lassen. Den Behälter verschließen und in den Kühlschrank stellen.

Béchamelsaucen-Variationen

Das Geheimnis einer cremigen Béchamelsauce (siehe Seite 61) ist die gut gemachte Mehlschwitze, die auch für verschiedene Käsesaucen benötigt wird. Besonders pikant werden Käsesaucen, wenn man sehr aromatischen, reifen Käse verwendet. Für die klassische Mornay-Sauce brauchen Sie Gruyère aus der Schweiz und Parmesan aus Italien. Für Gorgonzola-Sauce nach italienischem Vorbild sollten Sie am besten alten Gorgonzola (naturale) verwenden, der schön aromatisch ist. Für mildere Käsesaucen empfehlen sich mittelalter oder alter Gouda sowie Emmentaler. Generell dürfen Käsesaucen nur so lange erhitzt werden, bis der Käse geschmolzen ist, sonst werden sie körnig.

Mornay-Sauce

Ausgezeichnet für Blumenkohl- oder Brokkoli-Gratin.

So vorgehen wie in Arbeitsschritt 1–5 des Grundrezeptes für Béchamelsauce. Nach dem Prüfen der Konsistenz in Schritt 6 60 g geriebenen Gruyère und 3 Esslöffel frisch geriebenen Parmigiano Reggiano unter die Sauce rühren. Alles unter Rühren köcheln lassen, bis der Käse geschmolzen und die Sauce eine glatte Konsistenz hat. Mit Salz und Pfeffer abschmecken, dabei mit dem Salz sparsamer umgehen.

ERGIBT ETWA 500 ML

Gouda-Sauce

Schmeckt sehr gut zu Kartoffeln oder gedämpftem Brokkoli und ist eine köstliche Nudelsauce.

So vorgehen wie in Arbeitsschritt 1-5 des Grundrezeptes für Béchamelsauce. Nach dem Prüfen der Konsistenz in Schritt 6 250 g geriebenen mittelalten Gouda unter die Sauce rühren. Alles unter Rühren köcheln lassen, bis der Käse geschmolzen und die Sauce eine glatte Konsistenz hat. Mit Salz und etwas Tabasco abschmecken, dabei mit dem Salz sparsam umgehen.

ERGIBT ETWA 590 ML

Gorgonzola-Sauce

Diese aromatische Sauce kann zu Nudeln, gedünstetem Spinat, Steak oder Rinderfilet gereicht werden.

So vorgehen wie in Arbeitsschritt 1-5 des Grundrezeptes für Béchamelsauce. Nach dem Prüfen der Konsistenz in Schritt 6 125 g zerbröselten Gorgonzola unter die Sauce rühren. Alles unter Rühren köcheln lassen, bis der Käse geschmolzen und die Sauce eine glatte Konsistenz hat. Mit Salz und Pfeffer abschmecken, dabei mit dem Salz sparsamer umgehen.

ERGIBT ETWA 500 ML

Sauce velouté

Das französische Wort *velouté* bedeutet „samtig" – und genau das sollte diese Sauce auch sein: mit einer feinen Konsistenz und einem schönem Glanz. Wie die Béchamelsauce wird sie mit einer hellen Mehlschwitze zubereitet. Die Sauce velouté ist aber leichter, da sie mit Brühe statt Milch zubereitet wird.

125 g Butter, plus 1 EL kalte Butter, falls die Sauce aufbewahrt werden soll

50 g Mehl

60 g Schlagsahne

¼ TL Salz

⅛ TL frisch gemahlener weißer Pfeffer

Für den weißen Fond

4 Stängel frische glatte Petersilie

1 frischer Thymianzweig

1 Lorbeerblatt

8 weiße Pfefferkörner

1,5 kg Suppen- oder Markknochen vom Kalb

1 kg Hühnerklein

1 große Zwiebel, grob gehackt

1 große Karotte, grob gehackt

1 große Selleriestange mit Grün, grob gehackt

1 Prise Salz

ERGIBT ETWA 500 ML

> **EMPFEHLUNG**
> *Für Gerichte der klassischen französischen Küche und für leichte helle Saucen.*

1 Die Zutaten für die Brühe vorbereiten
Ausführliche Informationen zum Zubereiten eines weißen Fonds finden Sie auf Seite 22. Die Brühe kann bis zu 3 Tage im Voraus vorbereitet werden. Petersilie, Thymian, Lorbeerblatt und Pfefferkörner in ein kleines Musselintuch wickeln und dieses mit Küchengarn zu einem Bouquet garni binden.

2 Die Brühe aufsetzen
Kalbsknochen, Hühnerklein, Zwiebel, Karotte, Sellerie und Bouquet garni in einen großen Topf geben und so viel Wasser zugießen, dass die Zutaten 2,5 cm hoch bedeckt sind. Nicht zu viel Wasser verwenden, sonst wird die Brühe zu fade. Alles bei hoher Temperatur zum Kochen bringen und kurz kochen.

3 Die Brühe köcheln lassen
Sobald die Brühe sprudelnd aufkocht, die Hitze sofort reduzieren. Den aufsteigenden Schaum mit einem Schaumlöffel abschöpfen, denn er könnte die Brühe trüben. Die Brühe mindestens 4 Stunden, am besten jedoch bis zu 8 Stunden leicht köcheln lassen; dabei mehrmals den Schaum abschöpfen und bei Bedarf Wasser nachgießen. Die Zutaten sollen immer knapp bedeckt sein. Die Brühe nicht aufkochen, da sich sonst das Fett aus dem Fleisch löst und für einen leicht tranigen Geschmack sorgt.

4 Die Brühe abseihen
Ein Sieb mit einem Musselintuch auslegen und über eine große, hitzebeständige Schüssel hängen. Die Brühe abseihen und die festen Bestandteile entsorgen.

5 Die Brühe entfetten
Die Brühe 5 Minuten abkühlen lassen, dann das gelbliche Fett mit einem Esslöffel von der Oberfläche schöpfen. Sie können aber auch eine große Schüssel zur Hälfte mit Eiswasser füllen, die Schüssel mit der Brühe hineinstellen und abkühlen lassen; dabei mehrmals umrühren. Die abgekühlte Brühe abdecken und über Nacht in den Kühlschrank stellen. Das Fett ist nun an der Oberfläche der Brühe erstarrt und kann ganz leicht mit einem Löffel entfernt werden.

6 Die Brühe abmessen
750 ml Brühe abmessen, den Rest anderweitig verwenden. (In einem luftdicht verschließbaren Behälter hält sich die Brühe bis zu 3 Tage im Kühlschrank und 3 Monate im Gefrierfach.)

7 Die Mehlschwitze herstellen

Ausführliche Informationen zum Zubereiten einer Mehlschwitze finden Sie auf Seite 39. Die Brühe in einem Topf bei mittlerer Temperatur erhitzen, damit es beim Ablöschen der Mehlschwitze nicht zu stark spritzt. Die Butter bei mittlerer Temperatur im Topf zerlassen. Das Mehl darüberstreuen und mit einem flachen Scheebesen unter das Fett rühren. Die Temperatur reduzieren. Die Mehlschwitze 2 Minuten unter Rühren anbraten, bis sie eine leicht gelbliche Farbe annimmt. Sie darf nicht anbräunen, da die Sauce sonst zu dunkel wird. Den Topf vom Herd nehmen und die Mehlschwitze 1 Minute abkühlen lassen.

8 Die Sauce kochen

Nun langsam die heiße Brühe zur Mehlschwitze gießen und mit dem Schneebesen mit der Mehlschwitze verrühren; dafür immer wieder mit dem Schneebesen über den Topfboden fahren. Den Topf zurück auf den Herd stellen und bei mittlerer Temperatur die Mischung unter Rühren aufkochen. Die Temperatur reduzieren und die Sauce ohne Deckel etwa 40 Minuten leicht köcheln lassen, bis sie auf 500 ml reduziert ist. Zwischendurch mit einem Schaumlöffel immer wieder den Schaum von der Oberfläche abschöpfen. (Vorsicht! Die Sauce brennt leicht an und sollte im Auge behalten werden.) Den Topf vom Herd nehmen. Die Sauce mit Salz und Pfeffer abschmecken und die Sahne unterrühren.

9 Abschmecken und passieren

Die Sauce probieren. Sie sollte ein feines Aroma haben und nicht mehlig schmecken. Schmeckt sie zu fad, kann sie mit Salz und Pfeffer nachgewürzt werden. Die Sauce nun durch ein feinmaschiges Sieb in eine Schüssel passieren. Eine besonders feine Konsistenz erhält die Sauce, wenn Sie sie durch ein Spitzsieb gießen.

10 Die Sauce servieren oder aufbewahren

Die Sauce nun servieren oder aufbewahren. Um sie bis zu 2 Stunden aufzubewahren, 1 Esslöffel kalte Butterwürfel auf der Oberfläche verteilen. Die Butter schmilzt und verhindert, dass sich eine Haut auf der Sauce bildet. Im Kühlschrank kann die Sauce bis zu einem Tag aufbewahrt werden. Dazu die Sauce in einen luftdicht verschließbaren Behälter füllen und ebenfalls Butterwürfel auf der Oberfläche verteilen. Ein Stück Frischhaltefolie oder Backpapier direkt auf die Sauce legen und diese abkühlen lassen. Den Behälter verschließen und in den Kühlschrank stellen. Die Sauce sollte bei sehr niedriger Temperatur aufgewärmt werden.

Sauce-velouté-Variationen

Sauce velouté wird gerne zu Jakobsmuscheln und klassischen französischen Gerichten serviert. Mit einigen wenigen Veränderungen können Sie aus dem Grundrezept für die Sauce velouté drei weitere Saucen erhalten. Für die erste brauchen Sie Fleischbrühe und *mirepoix* (so nennt man in der französischen Küche eine Mischung aus Zwiebeln, Karotten und Sellerie). Die zweite wird mit Fischfond und frischen Kräutern zubereitet und die dritte mit Hühnerbrühe, Pilzen und Schalotten.

Schnelle Bratensauce

Eine schnelle Version der Bratensauce, die wunderbar zu allen Fleischgerichten schmeckt.

In einem Schmortopf 1 Esslöffel Butter bei mittlerer bis niedriger Temperatur zerlassen. 75 g fein gewürfelte Zwiebeln, 40 g fein gewürfelte Karotten und 40 g fein gewürfelte Selleriestangen zugeben und 10 Minuten anbräunen. In eine Schüssel füllen und beiseitestellen.

60 g Butter in dem Topf zerlassen. 60 g Mehl einstreuen und unter ständigem Rühren 8 Minuten anbraten, bis die Mehlschwitze eine hellbraune Farbe angenommen hat. Die Mehlschwitze etwas abkühlen lassen, dann 1 l warme Fleischbrühe (siehe Seite 20) einrühren. 60 ml Madeira, 1 Teelöffel Tomatenmark, 2 frische Thymianzweige, 3 Stängel glatte Petersilie und das gedünstete Gemüse einrühren. Aufkochen, dann die Hitze reduzieren und alles etwa 40 Minuten köcheln lassen, bis die Sauce auf etwa 500 ml reduziert ist. Die Sauce abschmecken, durch ein Sieb passieren und sofort servieren.

Kräutersauce zu Fisch

Diese Sauce schmeckt sehr gut zu gebackenen Gerichten mit Fischfilets oder Meeresfrüchten.

In einem Schmortopf 60 g Butter zerlassen. 50 g Mehl einrühren und bei niedriger Temperatur unter Rühren 2 Minuten anschwitzen. Die Mehlschwitze etwas abkühlen lassen, dann 750 ml warmen Fischfond (siehe Seite 24) einrühren. Aufkochen, dann die Hitze reduzieren und alles 40 Minuten köcheln lassen, bis die Sauce auf etwa 500 ml reduziert ist. Abschmecken und durch ein Sieb in einen sauberen Topf passieren.

Vor dem Servieren 1 Esslöffel gehackte glatte Petersilie, 1 Esslöffel frisch gehackten Estragon und 1 Esslöffel Schnittlauchröllchen unter die Sauce rühren. Weitere 5 Minuten köcheln lassen, damit sich die Kräuteraromen entfalten können und servieren.

Shiitake-Pilz-Sauce

Diese würzige Sauce kann sehr gut zu Schweinebraten und Geflügelgerichten serviert werden.

So vorgehen wie in Arbeitsschritt 1-7 des Grundrezeptes für Sauce velouté, dabei jedoch den weißen Fond durch Hühnerbrühe (siehe Seite 18) ersetzen.

Während die Sauce köchelt (Schritt 8), die Hüte von 5 frischen Shiitake-Pilzen grob hacken (die Stiele werden nicht verwendet) und im Mixer fein zerkleinern. In einer Pfanne 3 Esslöffel Butter bei mittlerer Temperatur zerlassen. 1 große gehackte Schalotte zugeben und 2 Minuten weich dünsten. Die zerkleinerten Pilze zufügen und unter Rühren 12 Minuten köcheln, bis der Garsud verdampft ist und die Pilze gar sind.

Die Pilze in die mittlerweile reduzierte Sauce rühren und 5 Minuten köcheln lassen, damit sich die Aromen schön entfalten können. Die Sauce abschmecken und servieren. (Diese Sauce muss nicht passiert werden.)

2 EL Butter

1 Zwiebel, in 3 mm große Würfel geschnitten (siehe Seite 30)

2 Knoblauchzehen, gehackt (siehe Seite 34)

250 ml Tomatenketchup

250 ml Tomaten-Chili-Sauce

100 g brauner Zucker

125 ml Apfelessig

2 EL scharfer Senf

2 EL Worcestersauce

½ TL Tabasco

ERGIBT ETWA 750 ML

PROFITIPP

Das Grillgut erst 10 Minuten vor Ende der Garzeit mit der Sauce bestreichen. So verhindern Sie, dass der Zucker verbrennt und die Kruste des Grillguts schwarz und bitter wird.

Barbecue-Sauce

Die Grundzutaten der meisten Grillsaucen sind Tomaten, Zucker und Essig. Chilis, Kräuter und Gewürze sorgen für die nötige Würze. So hat jeder Koch sein eigenes Grillsaucenrezept. Diese dunkelrote, süßlich-herbe Sauce ist besonders schmackhaft. Sie sollte erst kurz vor Ende der Garzeit auf das Grillgut gestrichen werden, damit sie nicht anbrennt.

1 Das Gemüse dünsten

Die Butter in einem großen Schmortopf zerlassen. Die Zwiebel zugeben und unter Rühren 6 Minuten anbräunen. Den Knoblauch zufügen und 1 Minute dünsten, bis er zu duften beginnt.

2 Die Sauce kochen

Ketchup, Chilisauce, Zucker, Essig, Senf und Worcestersauce zufügen und unter Rühren aufkochen. Die Hitze reduzieren, bis die Sauce leicht köchelt. Etwa 30 Minuten ohne Deckel köcheln lassen; dabei häufig umrühren, damit die Sauce nicht am Topfboden haften bleibt und anbrennt. Vom Herd nehmen und mit Tabasco würzen. (Tabasco sollte immer am Ende der Kochzeit zugegeben werden, da sich sein Aroma bei längerem Kochen verliert.)

3 Abschmecken

Die Sauce abschmecken. Das Verhältnis herber, salziger, süßer und scharfer Aromen sollte schön ausgewogen sein. Nach Belieben noch einige Tropfen Tabasco einrühren.

4 Die Sauce sofort verwenden oder aufbewahren

Die Sauce kann warm oder kalt serviert werden. Falls die Sauce nicht sofort serviert wird, sollte man sie auf Zimmertemperatur abkühlen lassen und in ein sauberes Schraubglas umfüllen. Im Kühlschrank hält sich die Sauce bis zu 2 Wochen. Bereiten Sie während der Grillsaison im Sommer ruhig eine doppelte Portion Sauce zu und lagern Sie sie im Kühlschrank. Zum Einfrieren eignet sich die Sauce nicht so gut.

EMPFEHLUNG

Zu gegrilltem Fleisch, Geflügel und Lachs. Die Sauce schmeckt sehr würzig und kräftig, weswegen sie nur zu Grillgut serviert werden sollte, das einen starken Eigengeschmack hat.

Grillsaucen-Variationen

Diese Auswahl würziger Saucen zeigt, wie leicht sich die Barbecue-Sauce (siehe Seite 68) variieren lässt. Bei allen Variationen entwickelt sich der Geschmack erst dadurch, dass die Zutaten einige Zeit bei niedriger Temperatur geköchelt werden. Reichlich Tomatenketchup und brauner Zucker verleiht der Süßscharfen Grillsauce ihr typisches Aroma, während die Fruchtige Grillsauce reichlich Pfirsiche enthält. Die Asiatische Grillsauce mit Hoisin-Sauce und Ingwer schmeckt wunderbar würzig und aromatisch.

Grillsauce mit Senf

Der Cidre nimmt dem Senf etwas die Schärfe. Die würzige Sauce schmeckt sehr gut zu Geflügel und Schweinefleisch.

In einem großen Topf 2 Esslöffel Butter bei mittlerer Temperatur zerlassen. 1 fein gehackte Zwiebel zugeben und 6 Minuten anbräunen. 2 gehackte Knoblauchzehen zufügen und 1 Minute mitdünsten, bis sie anfangen zu duften. 75 g braunen Zucker, 60 ml Apfelessig, 250 g scharfen Senf und 125 ml herben oder alkoholfreien Cidre zufügen. Kurz aufkochen, die Hitze sofort reduzieren und 5 Minuten köcheln lassen. ½ Teelöffel Tabasco einrühren.

Abschmecken und warm oder kalt servieren.

ERGIBT ETWA 500 ML

Süßscharfe Grillsauce

Diese Sauce schmeckt süßlich-scharf und unterstreicht wunderbar das Aroma von gegrilltem Fleisch. Sie schmeckt vor allen Dingen gut zu gegrillten Schweinerippchen.

In einem großen Topf 2 Esslöffel Butter bei mittlerer Temperatur zerlassen. 1 fein gehackte Zwiebel zugeben und 6 Minuten anbräunen. 2 gehackte Knoblauchzehen zufügen und 1 Minuten mitdünsten, bis sie anfangen zu duften. 250 ml Tomatenketchup, 250 ml milde Chilisauce, 170 g braunen Zucker, 125 ml Apfelessig, 60 g scharfen Senf, 2 EL Worcestersauce und ½ TL frisch gemahlenen schwarzen Pfeffer einrühren. Kurz aufkochen, die Hitze sofort reduzieren und alles 30 Minuten köcheln lassen. ½ Teelöffel Tabasco einrühren.

Abschmecken und warm oder kalt servieren.

ERGIBT ETWA 750 ML

Fruchtige Grillsauce

Diese Sauce wird mit Whisky gekocht. Die Pfirsiche verleihen ihr zudem eine wunderbar fruchtige Note. Die Sauce kann sehr gut zu Schweinekoteletts und Geflügel serviert werden.

In einem großen Topf 2 Esslöffel Butter bei mittlerer Temperatur zerlassen. 1 fein gehackte Zwiebel zugeben und 6 Minuten anbräunen. 2 gehackte Knoblauchzehen zufügen und 1 Minute mitdünsten, bis sie anfangen zu duften. 250 ml Tomatenketchup, 250 ml milde Chilisauce, 150 g Pfirsiche aus der Dose, 80 ml Apfelessig, 80 ml Bourbon-Whisky und 3 Esslöffel scharfen Senf einrühren. Kurz aufkochen, die Hitze reduzieren und alles 30 Minuten köcheln lassen. ½ Teelöffel Tabasco einrühren.

Abschmecken und warm oder kalt servieren.

ERGIBT ETWA 750 ML

Texas-Grillsauce

Chilipulver besteht aus getrockneten Chilis, Kreuzkümmel, Oregano und Cayennepfeffer und verleiht dieser Grillsauce ihren charakteristischen Geschmack.

In einem großen Topf 2 Esslöffel Butter bei mittlerer Temperatur zerlassen. 90 g Frühstücksspeck in 2,5 cm große Streifen schneiden und in der Butter 6 Minuten knusprig braun braten. Mit einem Schaumlöffel aus dem Topf nehmen und zum Abtropfen und Abkühlen auf Küchenpapier legen. Das Fett im Topf lassen. Den Speck fein hacken.

1 fein gehackte Zwiebel und ½ gewürfelte grüne Paprika in den Topf geben und 6 Minuten dünsten, bis die Zwiebel eine goldbraune Farbe angenommen hat. 2 gehackte Knoblauchzehen und 1 entkernte, fein gehackte Jalapeño-Chili zufügen und 1 Minute mitdünsten, bis der Knoblauch anfängt zu duften. 2 Esslöffel Chilipulver einrühren und kurz unter Rühren erhitzen, bis es zu duften beginnt.

Den Speck zurück in den Topf geben. 500 g passierte Tomaten, 100 g braunen Zucker, 125 ml Apfelessig, 2 Esslöffel scharfen Senf und 2 Esslöffel Worcestersauce einrühren. Kurz aufkochen, die Hitze sofort reduzieren und alles 30 Minuten köcheln lassen. ½ Teelöffel Tabasco einrühren.

Abschmecken und warm oder kalt servieren.

Weil die Sauce Fleisch enthält, ist sie im Kühlschrank nur 5 Tage haltbar.

ERGIBT ETWA 750 ML

Asiatische Grillsauce

Diese Grillsauce besticht durch ihre asiatischen Aromen und schmeckt wunderbar zu Schweinefleisch.

60 g Ingwerwurzel schälen, fein reiben und dabei den Saft auffangen. 2 Esslöffel Rapsöl bei mittlerer Temperatur in einem großen Topf erhitzen. 6 gehackte Frühlingszwiebeln zugeben und 6 Minuten dünsten. 2 gehackte Knoblauchzehen und den geriebenen Ingwer zufügen und kurz mitdünsten.

250 ml Tomatenketchup, 125 ml Wasser, 160 ml Hoisin-Sauce, 60 ml Reisessig und 2 Esslöffel Sojasauce einrühren. Kurz aufkochen, die Hitze sofort reduzieren und alles 5 Minuten köcheln lassen. ½ Teelöffel Tabasco einrühren.

Abschmecken und warm oder kalt servieren.

ERGIBT ETWA 650 ML

Scharfe Grillsauce

Mit Einweghandschuhen 2-3 scharfe rote Chilis fein hacken. In einem großen Topf 2 Esslöffel Butter bei mittlerer Temperatur zerlassen. 90 g Frühstücksspeck in 2,5 cm große Streifen schneiden und in der Butter 6 Minuten knusprig braun braten. Mit einem Schaumlöffel aus dem Topf nehmen und zum Abtropfen und Abkühlen auf Küchenpapier legen. Das Fett im Topf lassen. Den Speck fein hacken.

1 fein gehackte Zwiebel und ½ gewürfelte grüne Paprika in den Topf geben und 6 Minuten dünsten, bis die Zwiebel eine goldbraune Farbe angenommen hat. 2 gehackte Knoblauchzehen zufügen und 1 Minute mitdünsten, bis sie anfangen zu duften.

Den Speck zurück in den Topf geben. 500 g passierte Tomaten, 100 g braunen Zucker, 125 ml Apfelessig, 2 Esslöffel scharfen Senf und 2 Esslöffel Worcestersauce einrühren. Kurz aufkochen, die Hitze sofort reduzieren und alles 30 Minuten köcheln lassen. ½ Teelöffel Tabasco einrühren.

Abschmecken und warm oder kalt servieren.

Weil die Sauce Fleisch enthält, ist sie im Kühlschrank nur 5 Tage haltbar.

ERGIBT ETWA 750 ML

Gelierte Fleischbrühe

Diese würzige gelierte Sauce ist eine Abwandlung des französischen *demi-glace*, das gerne als Grundlage für Saucen verwendet wird. Normalerweise werden Brühe und eine mit Mehlschwitze gebundene Sauce stundenlang geköchelt, bis sie gelieren. Dieses Rezept ist wesentlich einfacher.

1 Die Brühe reduzieren

Die Brühe in einen großen Topf geben und bei hoher Temperatur aufkochen. Etwa 1 Stunde ohne Deckel kochen, bis sie eine dunkelbraune Farbe und eine sirupartige Konsistenz angenommen hat. Zwischendurch mit einem Schaumlöffel den aufsteigenden Schaum von der Oberfläche abschöpfen. Kontrollieren Sie vor allem in den letzten 20 Minuten der Garzeit immer wieder die Konsistenz der Brühe, damit sie nicht anbrennt. Sobald die Brühe auf etwa 125 ml reduziert ist, den Topf vom Herd nehmen.

2 Die gelierte Brühe verwenden oder abkühlen lassen

Die gelierte Brühe in eine kleine Schüssel umfüllen, dabei den Topf mit einem Kochlöffel sorgfältig auskratzen. Die Sauce sofort verwenden oder abkühlen lassen. Dazu die Brühe in den Kühlschrank stellen und auskühlen lassen. Sobald sie fest ist, das Gelee mit einem scharfen Messer in 5 mm große Würfel schneiden. Um das Gelee zu verflüssigen, können die Würfel in der Mikrowelle oder in einem kleinen Topf geschmolzen werden.

3 Aufbewahren

Das Gelee hält sich im Kühlschrank bis zu 2 Wochen. Es kann aber auch im Gefrierfach gelagert werden. Dazu die Würfel einzeln in Frischhaltefolie wickeln, zusammen in einen Gefrierbeutel geben und diesen gut verschließen. Das Gelee hält sich im Gefrierfach bis zu 3 Monate.

2 l Fleischbrühe (siehe Seite 20)

ERGIBT ETWA 125 ML

PROFITIPP

Es lässt sich nicht vermeiden, dass ein kleiner Rest der reduzierten Fleischbrühe am Topfboden haften bleibt. Einfach 500 ml Wasser zugeben, den Topf bedecken und alles bei hoher Temperatur aufkochen. Durch den heißen Wasserdampf löst sich die gelierte Brühe auch von den Seitenwänden des Topfes und kann mithilfe eines Schneebesens im Wasser aufgelöst werden. Die Flüssigkeit kann nun als Fleischbrühe verwendet werden.

EMPFEHLUNG

Die gelierte Fleischbrühe kann als Sauce zu Steaks und Koteletts gereicht werden. Schmorgerichte können mit ihr verfeinert und Saucen mit ihr gewürzt werden.

3 EL kalte Butter

1 kleine Schalotte, gewürfelt (siehe Seite 31)

1 l Fleischbrühe (siehe Seite 20) oder Hühnerbrühe (siehe Seite 18)

350 ml kräftiger Rotwein z. B. Zinfandel
oder Syrah

1 EL Sojasauce

1½ TL Tomatenmark

¼ TL getrockneter Thymian, zerbröselt

½ Lorbeerblatt

1 EL gelierte Fleischbrühe (siehe Seite 73,
nach Belieben)

2 EL kaltes Wasser

1 EL Speisestärke

1 Prise Salz

1 Prise frisch gemahlener schwarzer Pfeffer

ERGIBT ETWA 500 ML

PROFITIPP
*Verwenden Sie zum Kochen nur gute
Weine, die Sie auch trinken mögen.
Im Idealfall denselben Wein, den Sie
zu dem Gericht servieren wollen.*

EMPFEHLUNG
*Zu gegrilltem oder gebratenem Rind-
fleisch, beispielsweise Steak, Filet oder
Roastbeef. Auch zu gebratenem Geflügel
aus dem Ofen.*

Rotweinsauce

Die klassische Rotweinsauce, die französische Sauce bordelaise, ist eine Bratensauce, die mit einem großzügigen Schuss Bordeaux abgeschmeckt wird. Diese Variante ergibt eine etwas leichtere Sauce, die viel schneller herzustellen ist und genau so gut schmeckt wie der Klassiker. Wenn Sie die Sauce zu dunklem Fleisch servieren, sollten Sie Fleischbrühe, zu Geflügel und Schweinefleisch Hühnerbrühe verwenden.

1 Die Schalotte anbraten
1 Esslöffel Butter in einem Schmortopf bei mittlerer Temperatur zerlassen (die restliche Butter zurück in den Kühlschrank stellen). Die Schalotte zufügen und unter gelegentlichem Rühren 3 Minuten anbräunen.

2 Die Flüssigkeit reduzieren
Brühe, Wein, Sojasauce, Tomatenmark, Thymian und Lorbeerblatt zufügen. Nach Belieben die gelierte Fleischbrühe zugeben. Die Sauce ohne Deckel etwa 30 Minuten lang köcheln, bis sie auf 500 ml reduziert ist. Den Topf gelegentlich schräg halten, um die Menge besser einschätzen zu können.

3 Die Sauce andicken
Die Temperatur auf geringste Stufe reduzieren, sodass die Sauce gerade noch köchelt. Das Wasser in eine kleine Schüssel geben. Die Speisestärke darüberstreuen und glatt rühren. Etwas von der Mischung zur Sauce gießen, aufkochen und 1 Minute unter Rühren köcheln lassen, bis die Sauce andickt. Falls sie noch zu flüssig ist, noch etwas Speisestärkenmischung zugießen und erneut aufkochen. Ist die Sauce zu dick, sollte sie mit etwas Wasser oder Brühe verdünnt werden. Eine ausführliche Anleitung zum Andicken mit Speisestärke finden Sie auf Seite 38. Das Lorbeerblatt entfernen. Falls Sie die Schalottenwürfel in der Sauce stören, können Sie sie durch ein feinmaschiges Sieb passieren.

4 Die Sauce mit Butter binden
Die restliche Butter fein würfeln. Die Sauce bei geringer Hitze erwärmen. Nach und nach die Butterwürfel zugeben und mit dem Schneebesen unter die Sauce schlagen, bis die Sauce andickt und schön glänzt. Eine ausführliche Anleitung zum Binden mit Butter finden Sie auf Seite 41.

5 Abschmecken und servieren
Die Sauce mit Salz und Pfeffer abschmecken. Sie sollte ein kräftiges Fleisch- und Rotweinaroma haben. Sofort servieren.

Braune Butter mit Kapern

Leicht gebräunte Butter hat einen wunderbar nussigen Geschmack und harmoniert sehr gut mit dem herben Aroma der Kapern. Achten Sie bei der Zubereitung darauf, dass die Butter nicht anbrennt. Diese Sauce ist schnell und einfach herzustellen und verleiht einfachen Gerichten eine besondere Note.

1 Die Kapern vorbereiten
Die Kapern unter fließend kaltem Wasser abspülen und gut abtropfen lassen. Größere Exemplare halbieren.

2 Die Butter bräunen
Die Butter in einer Pfanne bei mittlerer Hitze zerlassen. Sobald sie aufhört zu schäumen, die Butter weitere 2 Minuten erhitzen, bis sie eine goldbraune Farbe angenommen hat. Die Pfanne sofort vom Herd nehmen. Wird die Butter zu lange erhitzt, verbrennt sie und wird bitter.

3 Die Kapern zufügen
Die Pfanne zurück auf den Herd stellen und die Kapern zufügen. (Vorsicht, dabei kann es spritzen.) Die Buttermischung 30 Sekunden unter Rühren erwärmen, mit Salz und Pfeffer würzen und die Pfanne vom Herd nehmen.

4 Abschmecken
Die Sauce abschmecken. Sie sollte nussig und, durch die Kapern, schön würzig schmecken. Eventuell mit Salz und Pfeffer nachwürzen.

5 Die Sauce servieren
Auf jede Portion des jeweiligen Gerichts 1 Esslöffel Kapernbutter verteilen. Da die transparente Sauce auf einem hellen Gericht schnell blass aussieht, kann noch etwas Petersilie untergerührt werden. Nach Belieben können auch Zitronenspalten zu der Sauce gereicht werden, deren Saft zusätzlich über dem Gericht ausgedrückt wird. Das unterstreicht noch das Aroma der Sauce. Sofort servieren.

2 EL kleine, in Salzlake eingelegte Kapern

60 g Butter

1 Prise Salz

1 Prise frisch gemahlener Pfeffer

gehackte glatte Petersilie (nach Belieben)

Zitronenspalten (nach Belieben)

ERGIBT ETWA 80 ML

 PROFITIPP
Falls Sie mit dem Bräunen von Butter noch wenig Übung haben, sollten Sie eine große Schüssel mit eiskaltem Wasser neben den Herd stellen. Falls die Butter droht anzubrennen, den Pfannenboden rasch ins kalte Wasser tauchen, um den Garvorgang sofort zu unterbrechen. Den Pfannenboden abtrocknen, bevor die Pfanne zurück auf den Herd gestellt wird.

EMPFEHLUNG
Die Sauce schmeckt wunderbar zu gebratenen Fischfilets, gebratenem Schweinefilet oder Hähnchenbrust.

Creme- & Buttersaucen

Wenn man Fett, also Butter oder Öl, mit einer anderen Flüssigkeit, beispielsweise Essig oder auch Eiern, verrührt, entsteht eine dickflüssige Cremesauce. Butter kann aber auch einfach mit würzigen Zutaten verrührt und als Sauce gereicht werden. In diesem Kapitel finden Sie zahlreiche Rezepte für beide Saucenvarianten.

Sauce hollandaise

Eine gute Sauce hollandaise soll hauptsächlich nach Butter und einem Hauch Zitrone schmecken. Deshalb ist es besonders wichtig, nur hochwertige Butter mit einem hohen Gehalt an Butterfett zu verwenden. Die Sauce enthält rohe Eier (siehe dazu Seite 11).

1 Die Butter klären

Eine ausführliche Anleitung zum Klären von Butter finden Sie auf Seite 36. Die Butter in kleine Würfel schneiden und in einem Topf bei mittlerer Hitze zerlassen. Dann die Butter kurz köcheln, jedoch nicht überschäumen lassen. Die Temperatur reduzieren und 1 weitere Minute köcheln lassen, damit ein Teil des Wassers aus der Butter verdampft. Den Topf vom Herd nehmen und und die Butter 2 Minuten abkühlen lassen. Mit einem Löffel den Schaum und die darin enthaltenen Verunreinigungen von der Oberfläche abschöpfen. Das klare, gelbe Butterfett vorsichtig in einen hitzebeständigen Messbecher gießen; dabei sehr vorsichtig arbeiten, damit die weißen Milchbestandteile, die sich auf dem Topfboden abgesetzt haben, im Topf bleiben. Für die Sauce benötigen Sie 160 ml geklärte Butter.

2 Die Eier trennen

Eine ausführliche Anleitung zum Trennen von Eiern finden Sie auf Seite 37. Die Eier aus dem Kühlschrank nehmen (kalte Eier lassen sich am leichtesten trennen) und 3 kleine Schüsseln bereitstellen. Die Eier einzeln aufschlagen, über eine Schüssel halten und das Eiweiß in die Schüssel tropfen lassen; dabei das Eigelb mehrmals aus einer Schalenhälfte in die andere gießen. Das Eigelb in die zweite Schüssel gleiten lassen. Sobald das Ei getrennt ist, das Eiweiß in die dritte Schüssel geben, damit beim Aufschlagen des nächsten Eis kein Eigelb in das Eiweiß gelangt. Die Schüssel mit dem Eigelb mit Frischhaltefolie abdecken, damit sich keine Haut bildet. Das Eiweiß anderweitig verwenden.

3 Das Wasserbad vorbereiten

Einen Topf 2,5 cm hoch mit Wasser füllen und dieses so lange erhitzen, bis es heiß ist und ganz leicht köchelt, aber nicht aufkocht. Eine Metallschüssel auf den Topf stellen, die am Rand gut abschließt. Der Boden der Schüssel darf das Wasser nicht berühren. Nun das Eigelb in die Schüssel geben. >

250 g Butter

4 große Eier, gekühlt

2 EL Wasser

1 EL frisch gepresster Zitronensaft

¼ TL Salz

1 Prise frisch gemahlener weißer Pfeffer

ERGIBT ETWA 250 ML

PROFITIPP
Statt normale Butter zu klären, können Sie auch Butterschmalz verwenden. Butterschmalz enthält keine Eiweißreste.

EMPFEHLUNG
Serviervorschläge für Sauce hollandaise finden Sie auf Seite 85.

4 >

4 Eigelb und Wasser verrühren

2 Esslöffel Wasser zum Eigelb geben und mit einem elektrischen Handrührgerät auf höchster Stufe 30 Sekunden hellgelb aufschlagen, bis die Mischung eine sehr cremige Konsistenz hat.

5 Langsam die Butter zugeben

Überprüfen Sie nun, ob das Wasser im Topf wirklich nur heiß ist und nicht etwa kocht. Die Sauce sollte nämlich nur erwärmt und keineswegs zu stark erhitzt werden, da das Eigelb sonst gerinnt. Die geklärte Butter nun unter Rühren mit dem elektrischen Handrührgerät (niedrigste Stufe) oder einem Schneebesen teelöffelweise zum Eigelb geben. Die Butter darf nur ganz langsam unter die Eimischung gerührt werden, da diese sonst gerinnt. Sobald die erste Hälfte der Butter eingerührt ist, kann der Rest etwas zügiger zugegeben werden.

6 Die Konsistenz der Sauce prüfen

Die fertige Sauce sollte cremig und etwa lauwarm sein und schön glänzen. Sie darf keinesfalls zu stark erhitzt werden. Setzt sich die Butter an der Oberfläche ab, wurde sie zu schnell unter die Sauce gerührt. Taucht dieses Problem auf, wenn nur etwa ein Viertel der Butter zugefügt wurde, rühren Sie 1 Esslöffel kaltes Wasser unter die Sauce. Meist lässt sie sich dann noch retten.

7 Eine geronnene Sauce hollandaise retten

Eine ausführliche Anleitung zum Retten einer geronnenen Sauce hollandaise finden Sie auf Seite 42. Die geronnene Sauce in den Messbecher zur restlichen Butter umfüllen. Die Schüssel nun gut ausspülen und abtrocknen. 2 frische Eigelb und 1 Esslöffel Wasser in der Schüssel 30 Sekunden cremig aufschlagen. Die Schüssel über das heiße Wasserbad auf den Topf stellen. Nun die geronnene Sauce und die restliche Butter sehr langsam unter das frische Eigelb rühren. Ein noch besseres Ergebnis kann erreicht werden, wenn dies mit einer Küchenmaschine durchgeführt wird (siehe Seite 87). ❯

PROFITIPP

Wenn Sie mehr Übung im Zubereiten einer Sauce hollandaise haben, können Sie auf das Wasserbad verzichten und, bei sehr geringer Hitze, direkt im Topf arbeiten. Auf dem Gasherd empfiehlt es sich, ein Metallgitter unterzulegen, das die Hitze der Flammen gleichmäßig verteilt.

8 Die Sauce passieren

Ein feinmaschiges Sieb über eine große Schüssel hängen und die Sauce in die Schüssel passieren. Dabei werden eventuelle Eiweißflöckchen entfernt, und die Sauce erhält eine schöne glatte Konsistenz. Eiweiß erstarrt bei niedrigerer Temperatur als Eigelb, darum sollten warme Saucen, die mit Ei zubereitet werden, immer noch einmal passiert werden.

PROFITIPP

Wenn die Sauce gerinnt und dunkle Flecken von erstarrtem Eigelb zu erkennen sind, war die Temperatur zu hoch. Die Sauce kann kurz in der Küchenmaschine glatt gerührt werden, behält aber einen Eiergeschmack zurück. Eventuell ist es sinnvoller, eine neue Sauce hollandaise herzustellen.

9 Abschmecken

Zitronensaft einrühren und die Sauce mit Salz und Pfeffer abschmecken. Nach Belieben noch etwas Zitronensaft zugeben, jedoch nicht zu viel, da sonst das feine Butteraroma überlagert wird.

10 Die Sauce servieren oder aufbewahren

Die Sauce sofort servieren oder aufbewahren. Hollandaise wird nie heiß serviert. Die Hitze des Gerichts, auf dem sie angerichtet wird, wärmt sie an. Soll sie nicht länger als 30 Minuten aufbewahrt werden, die Schüssel mit der Sauce mit Frischhaltefolie abdecken und in einen Topf mit heißem Wasser stellen. (Eigelb erstarrt bei 82 °C, deshalb darf das Wasser keinesfalls kochen.) Vor dem Servieren die Sauce gut verrühren. In einer Thermoskanne mit weitem Hals kann Sauce hollandaise bis zu 2 Stunden warm gehalten werden.

Serviervorschläge

Sauce hollandaise ist eine sehr vielseitige Sauce. Der Geschmack ist schön vollmundig, jedoch nicht zu kräftig, weshalb diese Sauce zu einer Vielzahl von Gerichten serviert werden kann. Neben mild schmeckenden pochierten oder gedämpften Speisen kommt ihr feines Butteraroma perfekt zur Geltung. Würzigen Gerichten verleiht eine Hollandaise eine edle Note. Sie kann aber auch sehr gut zu gekochtem Gemüse gereicht werden.

Hollandaise zu Eiern (oben links)
Ein Klassiker sind Eier Benedict: jeweils 1 Scheibe Schinken und 1 pochiertes Ei auf 1 Scheibe geröstetes Toastbrot verteilen und etwas Sauce hollandaise darübergeben.

Hollandaise zu Fisch (links)
Zu gedünstetem Fisch, beispielsweise Lachsfilet, schmeckt eine Sauce hollandaise oder auch eine Sauce béarnaise (siehe Seite 87) hervorragend.

Hollandaise zu Gemüse (oben)
Das Aroma von gedämpftem oder gekochtem Gemüse, beispielsweise Spargel, Brokkoli oder Blumenkohl, wird von einer Sauce hollandaise wunderbar unterstrichen.

Sauce-hollandaise-Variationen

Wenn Sie nun die Zubereitung der klassischen Sauce hollandaise (siehe Seite 81) beherrschen, werden Ihnen auch andere Saucen gelingen, für die Butter und Eier zu einer geschmeidigen Creme vereint werden. Eine luftig-lockerere Variante erhalten Sie durch Zugabe von geschlagener Sahne. Eine etwas gesündere Variante ist die Paprikasauce, für die weniger Butter verwendet wird. Ein Sud aus Schalotten, Wein und Estragon würzt die klassische Sauce béarnaise. Die Hollandaise-Variante mit Tomatenmark ist ein französischer Klassiker. Wenn Sie einmal nicht so viel Zeit haben, können Sie die Saucen zum Teil auch in der Küchenmaschine zubereiten.

Sauce hollandaise mit Sahne

Sauce mousseline

Diese Sauce hat eine wunderbar lockere Konsistenz und passt hervorragend zu gedämpftem Gemüse und pochiertem oder gedünstetem Fisch.

Mit einem Schneebesen oder einem elektrischen Handrührgerät 60 g Schlagsahne in einer gekühlten Schüssel steif schlagen.

Nun gemäß Grundrezept für Sauce hollandaise fortfahren. Nach Schritt 9, also der Zugabe von Zitronensaft, Salz und Pfeffer, die geschlagene Sahne zur Sauce geben und mit einem Spatel vorsichtig unterheben. Dazu den Spatel senkrecht durch Sahne und Sauce führen, am Schüsselboden um 90° drehen und wieder nach oben ziehen. Die Schüssel um 90° drehen und den Vorgang wiederholen. So fortfahren, bis keine weißen Streifen mehr in der Sauce zu erkennen sind. Rühren Sie die Sauce nicht zu lange, sonst verliert sie ihre schaumig-luftige Konsistenz.

Abschmecken und sofort servieren.

ERGIBT ETWA 310 ML

Sauce hollandaise mit Orange

Sauce maltaise

Die klassische Sauce maltaise wird mit Blutorangen von der Insel Malta zubereitet. Sie können stattdessen aber auch Saftorangen verwenden.

Die Schale von einer Hälfte 1 Blutorange abreiben. Die Orange quer durchschneiden und beide Hälften auspressen. Den Saft durch ein feinmaschiges Sieb in einen hitzebeständigen Messbecher umfüllen. (Sie benötigen etwa 60 ml Saft.) Den Saft in der Mikrowelle oder in einem Topf bei hoher Stufe etwa 3 Minuten erhitzen, bis er auf 2 Esslöffel reduziert ist. (Im Topf sollte der Saft die ganze Zeit gut verrührt werden, damit er nicht anbrennt.)

Nun gemäß Grundrezept für Sauce hollandaise fortfahren. Bei Schritt 9 anstelle von Zitronensaft die Orangenschale und den reduzierten Orangensaft einrühren.

Die Sauce abschmecken und sofort servieren.

ERGIBT ETWA 250 ML

Sauce hollandaise mit roter Paprika

Diese leicht rötliche Sauce schmeckt sehr gut zu Fisch und Meeresfrüchten.

1 rote Paprika rösten (siehe Seite 121). Die Paprika nun häuten und die Kerne entfernen. Das Fruchtfleisch in die Küchenmaschine geben und glatt pürieren. (Sie benötigen etwa 80 g Paprikapüree.) Das Püree in einem kleinen Topf bei niedriger Hitze oder in der Mikrowelle auf mittlerer Stufe erwärmen, bis es etwa lauwarm ist.

Nun gemäß Grundrezept für Sauce hollandaise fortfahren, jedoch nur 80 ml geklärte Butter verwenden. Bei Schritt 5 im Anschluss an die Butter esslöffelweise das Paprikapüree einrühren. Weiter gemäß Grundrezept fortfahren. Bei Schritt 9 den weißen Pfeffer durch 1 Spritzer Tabasco ersetzen.

Abschmecken und sofort servieren.

ERGIBT ETWA 340 ML

Sauce béarnaise

Ein Saucenklassiker, der zu Fleisch, Fisch, Gemüse und pochierten Eiern serviert werden kann.

In einem kleinen Topf 50 g fein gewürfelte Schalotten, 3 Esslöffel trockenen Weißwein (z. B. Sauvignon blanc), 3 Esslöffel Weißweinessig, 2 EL frisch gehackten Estragon und 1 Prise grob gemahlenen schwarzen Pfeffer bei hoher Hitze aufkochen. 2 Minuten köcheln lassen, bis die Flüssigkeit fast verdampft ist und eine Art Sirup entsteht. Den Topf vom Herd nehmen und den Sud 1 Stunde abkühlen lassen.

Nun gemäß Grundrezept für Sauce hollandaise fortfahren. Bei Schritt 9 anstatt Zitronensaft und Pfeffer den Gewürzsud einrühren. Abschmecken und sofort servieren.

ERGIBT ETWA 250 ML

Tomaten-Béarnaise

Sauce Choron

Durch das Tomatenmark erhält die Sauce eine schöne rötliche Farbe und einen würzigen Geschmack. Sie kann sehr gut zu gegrillten Schweine- oder Kalbskoteletts oder zu herzhaft schmeckenden Fischsorten, beispielsweise Schnapper oder Seebarsch, serviert werden.

In einem kleinen Topf 50 g fein gewürfelte Schalotten, 3 Esslöffel trockenen Weißwein (z. B. Sauvignon blanc), 3 Esslöffel Weißweinessig, 2 EL frisch gehackten Estragon und 1 Prise grob gemahlenen schwarzen Pfeffer bei hoher Hitze aufkochen. 2 Minuten köcheln lassen, bis die Flüssigkeit fast verdampft ist und eine Art Sirup entsteht. Den Topf vom Herd nehmen und den Sud 1 Stunde abkühlen lassen.

Nun gemäß Grundrezept für Sauce hollandaise fortfahren. Bei Schritt 9 anstatt Zitronensaft und Pfeffer den Gewürzsud und 1 Esslöffel Tomatenmark einrühren. Abschmecken und servieren.

ERGIBT ETWA 250 ML

Schnelle Sauce hollandaise

Das Rotiermesser einer Küchenmaschine schlägt weniger Luft unter die Sauce als ein Schneebesen, darum hat diese Variante eine etwas festere Konsistenz. Auch bei dieser Zubereitungsweise ist es wichtig, die geklärte Butter nur ganz langsam zuzufügen.

Gemäß Grundrezept für Sauce hollandaise vorgehen. Bei Schritt 3 Eigelb und Wasser nicht im Wasserbad aufschlagen, sondern in einer Küchenmaschine mit Intervallschaltung verrühren. Bei laufendem Motor die geklärte Butter sehr langsam durch die Öffnung im Deckel zugießen. Sobald die Sauce andickt, die Küchenmaschine gelegentlich anhalten und die Sauce von den Wänden der Mixschüssel zurück in die Mitte streichen.

Nun weiter gemäß Grundrezept vorgehen. Die Sauce muss nicht passiert werden, da erstarrte Eiweißteilchen vom Mixer fein zerkleinert werden. Abschmecken und sofort servieren.

ERGIBT ETWA 375 ML

Mayonnaise

Selbst gemachte Mayonnaise schmeckt viel besser und hat eine viel cremigere Konsistenz als fertig gekaufte Sorten. Man kann sie im Standmixer, in der Küchenmaschine oder mit dem elektrischen Handrührgerät zubereiten. Diese Sauce enthält rohe Eier (siehe dazu Seite 11).

Zubereitung im Standmixer

1 Die Zutaten vorbereiten

Für diese Zubereitungsmethode brauchen Sie nur 1 Ei. Das Ei mit intakter Schale in eine Schüssel legen, mit sehr heißem Leitungswasser bedecken und 3–5 Minuten stehen lassen, um es anzuwärmen. (Warme Zutaten emulgieren besser als kalte). Das Ei in eine Schüssel schlagen und eventuelle Schalenreste entfernen. Das Ei in den Becher des Mixers umfüllen und Zitronensaft sowie Senf zufügen. In einem Messbecher Raps- und Olivenöl verrühren.

2 Die Zutaten langsam verrühren

Den Mixer einschalten und bei laufendem Motor ganz langsam die Öl-mischung durch die Öffnung im Deckel zugießen. Die Mischung emulgiert allmählich und dickt etwas an. Das Volumen nimmt zu, und die Farbe verändert sich von Gelb nach Weiß. Den Mixer gelegentlich anhalten und die Sauce von den Wänden des Bechers zurück in die Mitte streichen. Insgesamt beträgt die Rührzeit etwa 1½ Minuten. Sobald die Hälfte des Öls eingerührt ist, kann das restliche Öl etwas zügiger zugegossen werden.

3 Abschmecken

Die Mayonnaise in eine Servierschüssel oder einen luftdicht verschließbaren Behälter füllen. Mit Salz und Pfeffer abschmecken. Ist Ihnen die Mayonnaise zu fest, können Sie nach Belieben noch etwas Wasser einrühren. Für ein etwas würzigeres Aroma können zusätzlich noch etwas Senf, Zitronensaft, Salz und Pfeffer zugefügt werden.

4 Die Mayonnaise servieren oder aufbewahren

Wenn die Mayonnaise nicht gleich serviert wird, kann sie in einem luftdicht verschließbaren Behälter bis zu 5 Tage im Kühlschrank aufbewahrt werden. Das Rezept ergibt, angesichts der relativ kurzen Haltbarkeit, eine recht große Menge. Die Zubereitung kleinerer Mengen ist jedoch schwierig, da man das Eigelb schlecht halbieren kann. Anregungen zur Verwendung von Mayonnaise finden Sie auf Seite 93.

1–2 große frische Eier

1 EL frisch gepresster Zitronensaft

1 TL Dijon-Senf

180 ml Rapsöl, zimmerwarm

180 ml raffiniertes Olivenöl (keinesfalls kalt gepresstes!), zimmerwarm

¼ TL feines Meersalz

1 Prise frisch gemahlener weißer Pfeffer

1 EL Wasser (nach Belieben)

ERGIBT ETWA 400-450 ML

PROFITIPP

Statt 2 Eier zu trennen (und vielleicht keine Verwendung für das Eiweiß zu haben) können Sie bei der Zubereitung von Mayonnaise mit Mixer oder Küchenmaschine auch ein ganzes Ei zugeben. Die rotierenden Klingen schlagen das Ei so schnell auf, dass es schnell mit dem Öl emulgiert. Deshalb ist die bindende Wirkung eines zweiten Eigelbs gar nicht erforderlich.

EMPFEHLUNG
Für kalte Salate, beispielsweise Kartoffel- oder Nudelsalat, pikante Dips oder zu gedämpftem oder gekochtem Gemüse.

*Besonders schmackhaft
wird die Mayonnaise wenn
sie mit einer Mischung
aus Raps- und Olivenöl
zubereitet wird.*

Damit Rührschüsseln nicht
auf der Arbeitsfläche hin-
und herrutschen, können
sie auf ein angefeuchtetes,
gefaltetes Geschirrtuch
gestellt werden.

Zubereitung mit elektrischem Handrührgerät

1 Die Eier trennen

Eine ausführliche Anleitung zum Trennen von Eiern finden Sie auf Seite 37. Die Eier aus dem Kühlschrank nehmen (kalte Eier lassen sich am leichtesten trennen) und 3 kleine Schüsseln bereitstellen. Die Eier einzeln aufschlagen, über eine Schüssel halten und das Eiweiß in die Schüssel tropfen lassen; dabei das Eigelb mehrmals aus einer Schalenhälfte in die andere gießen. Das Eigelb in die zweite Schüssel gleiten lassen. Sobald das Ei getrennt ist, das Eiweiß in die dritte Schüssel geben, damit beim Aufschlagen des nächsten Eis kein Eigelb in das Eiweiß gelangt. Die Schüssel mit dem Eigelb mit Frischhaltefolie abdecken, damit sich keine Haut bildet. Das Eiweiß anderweitig verwenden.

2 Die Zutaten vorbereiten

Das Eigelb in eine mittelgroße Glasschüssel füllen und diese in eine große Schüssel stellen, die zu einem Drittel mit warmem Wasser gefüllt ist. Das Eigelb nun so lange verrühren, bis es schön verquirlt und lauwarm ist. (Warme Zutaten emulgieren besser als kalte.) Zitronensaft und Senf zufügen und verrühren. Die Schüssel auf ein angefeuchtetes, gefaltetes Geschirrtuch stellen, damit sie nicht verrutscht. Raps- und Olivenöl in einem Messbecher verrühren.

3 Die Zutaten langsam verrühren

Die Eigelbmischung mit einem elektrischen Handrührgerät bei geringer Stufe bearbeiten und dabei die Ölmischung langsam zugießen. Die Mischung emulgiert allmählich und dickt etwas an. Das Volumen nimmt zu, und die Farbe verändert sich von Gelb nach Weiß. Das Handrührgerät gelegentlich anhalten und die Sauce von den Wänden der Schüssel zurück in die Mitte streichen. Insgesamt beträgt die Rührzeit etwa 1 ½ Minuten. Sobald die Hälfte des Öls eingerührt ist, kann das restliche Öl etwas zügiger zugegossen werden. (Setzt sich das Öl an der Oberfläche ab, haben Sie es zu schnell zugegossen. Wie Sie die Mayonnaise retten können, erfahren Sie auf Seite 43.)

4 Abschmecken

Die Mayonnaise in eine Servierschüssel oder einen luftdicht verschließbaren Behälter füllen. Mit Salz und Pfeffer abschmecken. Ist Ihnen die Mayonnaise zu fest, können Sie nach Belieben noch etwas Wasser einrühren. Für ein etwas würzigeres Aroma können zusätzlich noch etwas Senf, Zitronensaft, Salz und Pfeffer zugefügt werden.

5 Die Mayonnaise servieren oder aufbewahren

Wenn die Mayonnaise nicht gleich serviert wird, kann sie in einem luftdicht verschließbaren Behälter bis zu 5 Tage im Kühlschrank aufbewahrt werden. Das Rezept ergibt, angesichts der relativ kurzen Haltbarkeit, eine recht große Menge. Die Zubereitung kleinerer Mengen ist jedoch schwierig, da man das Eigelb schlecht halbieren kann. Anregungen zur Verwendung von Mayonnaise finden Sie auf Seite 93.

Zubereitung in der Küchenmaschine

1 Die Zutaten vorbereiten

Für diese Zubereitungsmethode brauchen Sie nur 1 Ei. Das Ei mit intakter Schale in eine Schüssel legen, mit sehr heißem Leitungswasser bedecken und 3–5 Minuten stehen lassen, um es anzuwärmen. (Warme Zutaten emulgieren besser als kalte). Das Ei in eine Schüssel schlagen und eventuelle Schalenreste entfernen. Das Ei in die Schüssel der Küchenmaschine umfüllen und Zitronensaft sowie Senf zufügen. In einem Messbecher Raps- und Olivenöl verrühren.

2 Die Zutaten langsam verrühren

Die Küchenmaschine einschalten und bei laufendem Motor ganz langsam die Ölmischung durch die Öffnung im Deckel zugießen. Die Mischung emulgiert allmählich und dickt etwas an. Das Volumen nimmt zu, und die Farbe verändert sich von Gelb nach Weiß. Die Küchenmaschine gelegentlich anhalten und die Sauce von den Wänden des Bechers zurück in die Mitte streichen. Insgesamt beträgt die Rührzeit etwa 1½ Minuten. Sobald die Hälfte des Öls eingerührt ist, kann das restliche Öl etwas zügiger zugegossen werden.

3 Abschmecken

Die Mayonnaise in eine Servierschüssel oder einen luftdicht verschließbaren Behälter füllen. Mit Salz und Pfeffer abschmecken. Ist Ihnen die Mayonnaise zu fest, können Sie nach Belieben noch etwas Wasser einrühren. Für ein etwas würzigeres Aroma können zusätzlich noch etwas Senf, Zitronensaft, Salz und Pfeffer zugefügt werden.

4 Die Mayonnaise servieren oder aufbewahren

Wenn die Mayonnaise nicht gleich serviert wird, kann sie in einem luftdicht verschließbaren Behälter bis zu 5 Tage im Kühlschrank aufbewahrt werden. Das Rezept ergibt eine recht große Menge. Die Zubereitung kleinerer Mengen ist jedoch schwierig, da man das Eigelb schlecht halbieren kann. Anregungen zur Verwendung von Mayonnaise finden Sie auf Seite 93.

 PROFITIPP

Alle Zutaten zur Zubereitung von Mayonnaise sollten etwa Zimmertemperatur haben. Sind sie zu kalt, kann die Mayonnaise leicht gerinnen.

Serviervorschläge

*Mayonnaise lässt sich zu den unterschied-
lichsten Gerichten und Snacks servieren und
verleiht ihnen ein wunderbares Aroma. Sie ist
eine wichtige Zutat für viele Dips, Sandwiches und Salate. Weil sie so schön cremig ist,
kann man sie auch pur als Dip für Rohkost
servieren oder als Aufstrich für Brot oder
Brötchen verwenden.*

Mayonnaise zu Pommes frites (oben links)
Knusprige Pommes schmecken, mit Mayonnaise
serviert, einfach himmlisch! Knoblauch-Mayonnaise
schmeckt wunderbar zu panierten und ausgebacke-
nen Tintenfischringen.

Mayonnaise als Aufstrich (links)
Mayonnaise und ihre Varianten (siehe Seite 94–95)
können die Butter auf belegten Broten ersetzen
und schmecken wunderbar zu Sandwiches oder
belegten Baguettes.

Mayonnaise garnieren (oben)
Wird Mayonnaise als Dip serviert, streuen Sie
etwas Paprikapulver oder Cayennepfeffer als
Garnierung darüber.

Mayonnaise-Variationen

Mayonnaise (siehe Seite 88) besteht im Wesentlichen aus Eiern und Öl, die mit dem Standmixer, der Küchenmaschine oder dem elektrischen Handrührgerät verquirlt werden. Alle drei Zubereitungsmethoden eignen sich auch für die hier vorgestellten Variationen. Sie können Mayonnaise mit frischen Kräutern, beispielsweise Petersilie, Schnittlauch und Dill, aufpeppen. Herzhafter schmeckt eine Mayonnaise, wenn sie mit Pesto, Knoblauch oder Wasabi gewürzt wird. Wenn Sie Kapern und gehackte Cornichons unter die Mayonnaise rühren, erhalten Sie Remoulade, die gern zu Fisch und Meeresfrüchten serviert wird.

Zitronen-Kräuter-Mayonnaise

Zum Würzen von Mayonnaise eignen sich fast alle frischen Kräuter. Diese Variation schmeckt zu Lachs und kalten Fischgerichten, aber auch als Dip zu frischem Gemüse.

Gemäß Grundrezept für Mayonnaise vorgehen. Nach dem Einrühren der Ölmischung die abgeriebene Schale von 1 Zitrone, 1 Esslöffel frisch gehackte glatte Petersilie, 1 Esslöffel Schnittlauchröllchen und, nach Belieben, 1 Esslöffel frisch gehackte Dillspitzen einrühren.

Abschmecken und servieren.

ERGIBT ETWA 400–450 ML

Aioli *(Knoblauch-Mayonnaise)*

Dies ist eine schnelle Variante des klassischen Aioli-Rezepts, die sehr gut als Dip serviert werden kann.

Gemäß Grundrezept für Mayonnaise vorgehen, jedoch das raffinierte Olivenöl durch 180 ml natives Olivenöl extra ersetzen. Nach dem Einrühren der Ölmischung 2–3 gehackte Knoblauchzehen unter die Mayonnaise rühren.

Abschmecken und servieren.

ERGIBT ETWA 400–450 ML

Pesto-Mayonnaise

Ein leckerer Aufstrich für Sandwiches mit gegrilltem Sommergemüse oder luftgetrocknetem Schinken.

Gemäß Grundrezept für Mayonnaise vorgehen. Nach dem Einrühren der Ölmischung 2 Esslöffel Basilikum-Pesto (siehe Seite 109) oder eine der Pesto-Variationen (siehe Seite 114–115) unter die Mayonnaise rühren.

Abschmecken (denken Sie daran, dass Pesto bereits Salz enthält) und servieren.

ERGIBT ETWA 400–450 ML

PROFITIPP
Die Schüssel der Küchenmaschine sollte nicht zu groß sein, da sonst die Mayonnaise nicht richtig durchgerührt wird und gerinnt.

Remoulade

Diese Sauce wird gerne zu Fischgerichten serviert.

Gemäß Grundrezept für Mayonnaise vorgehen. Nach dem Einrühren der Ölmischung 3 Esslöffel gehackte Cornichons, 3 Esslöffel abgespülte und abgetropfte kleine Kapern und 1 Esslöffel frisch gehackte glatte Petersilie unter die Mayonnaise rühren.

Beim Abschmecken den Pfeffer durch 1 Spritzer Tabasco ersetzen. Servieren.

ERGIBT ETWA 500 ML

PROFITIPP
Um die Frische von Eiern zu prüfen, legen Sie sie in eine Schüssel mit kaltem Wasser. Eier, die sich auf die Seite legen und auf den Boden sinken, sind frisch. Eier, die aufrecht im Wasser stehen oder auf der Oberfläche schwimmen, sind schon älter.

Scharfe Remoulade

Diese Remoulade enthält sehr scharfen Senf und Sardellenpaste und wird gerne zu Fisch und Meeresfrüchten gereicht.

Gemäß Grundrezept für Mayonnaise vorgehen, jedoch den Dijon-Senf durch 1 TL extra scharfen Senf ersetzen. Nach dem Einrühren der Ölmischung 3 EL gehackte Cornichons, 3 EL abgespülte und abgetropfte kleine Kapern, 1 EL frisch gehackten Estragon, 1 EL Schnittlauchröllchen, 1 TL Sardellenpaste und 1 gehackte Knoblauchzehe unter die Mayonnaise rühren.

Beim Abschmecken den Pfeffer durch 1 Spritzer Tabasco ersetzen. Servieren.

ERGIBT ETWA 500 ML

Wasabi-Mayonnaise

Das Wasabi-Pulver verleiht dieser Variante ihre feine Schärfe. Köstlich zu rohen Austern oder einem Sandwich mit gegrilltem Thunfisch.

2 Esslöffel Wasabi-Pulver und 2 Esslöffel Wasser in einer kleinen Schüssel mischen. 5 Minuten stehen lassen.

Gemäß Grundrezept für Mayonnaise vorgehen, jedoch den Senf weglassen und den Zitronensaft durch 1 Esslöffel frisch gepressten Limettensaft ersetzen. Nach dem Einrühren der Ölmischung so viel Meerrettich unter die Mayonnaise rühren, bis Ihnen der Schärfegrad zusagt. Mit etwas abgeriebener Limettenschale abschmecken. Servieren.

ERGIBT ETWA 400–450 ML

Beurre blanc
Weißwein-Butter-Sauce

Beurre blanc enthält ähnlich viel Butter wie eine Sauce hollandaise. Weitere Grundzutaten sind trockener Weißwein, Essig und Schalotte. Diese sauren Zutaten verbinden sich wunderbar mit der sahnigen Butter und geben der hellen Sauce ihren charakteristischen Geschmack.

1 Die Schalotte würfeln

Die ausführliche Anleitung zum Würfeln einer Schalotte finden Sie auf Seite 31. Die Schalotte längs halbieren und die Schale entfernen. Mit den Schnittflächen auf das Schneidebrett legen und mehrmals in Abständen von 5 mm längs einschneiden; dabei den Wurzelansatz nicht durchschneiden. Nun kann die Schalotte quer in Würfel gehackt werden. Beiseitestellen.

2 Die Kräuter vorbereiten

Die frischen Kräuter sorgen für einen grünen Farbtupfer in der hellen Sauce. Das Aroma von Estragon und Dill harmoniert besonders gut mit dem in der Sauce enthaltenen Weißwein. Die Blätter der Kräuter von den Stängeln zupfen und fein hacken. Sie benötigen etwa 1 EL gehackte Kräuter. Die Kräuter in eine Schüssel füllen, mit feuchtem Küchenpapier abdecken und beiseitestellen.

3 Wein und Schlotte aufkochen

Wein, Essig und Schalottenwürfel in einem kleinen Edelstahltopf verrühren. (Säurehaltige Zutaten wie Wein und Essig dürfen nur in Kochgeschirr verarbeitet werden, das nicht mit der Säure reagiert. Töpfe aus Aluminium oder unbeschichtetem Gusseisen sind ungeeignet, da sie ihren Geschmack an die Zutaten abgeben.) Die Mischung aufkochen und etwa 5 Minuten köcheln lassen, bis sie auf 2 Esslöffel reduziert ist. Den Topf gelegentlich schräg halten, um die verbleibende Menge besser einschätzen zu können. Den Topf vom Herd nehmen und den Sud kurz abkühlen lassen. (Wenn der Sud zu heiß ist, schmilzt die Butter zu schnell und die Sauce wird eher fettig als cremig.)

---

1 Schalotte

2 Stängel frischer Estragon oder Dill (nach Belieben)

250 ml trockener Weißwein, z. B. Sauvignon blanc oder Pinot Grigio

2 EL Weißweinessig

250 g kalte Butter

¼ TL Salz

1 Prise frisch gemahlener weißer Pfeffer

ERGIBT ETWA 160 ML

PROFITIPP

Reste von dieser Sauce kann man in den Kühlschrank stellen und am nächsten Tag wie Gewürzbutter (siehe Seite 104) verwenden. Einfach kleine Flöckchen der kalten Sauce auf heiße Gerichte setzen und schmelzen lassen. Die Beurre blanc sollte nicht länger als einen Tag aufbewahrt werden.

EMPFEHLUNG

Zu gegrilltem oder gebratenem Fisch, Meeresfrüchten, gedämpftem Spargel, Brokkoli oder Rosenkohl.

4 Die Butter würfeln

Während der Sud abkühlt, die Butter in 1 cm große Würfel schneiden. Dafür die Butter längs in 1 cm dicke Riegel schneiden. Dann die Scheiben um 90° drehen und längs in 1 cm breite Streifen schneiden. Zuletzt die Streifen quer in 1 cm große Würfel schneiden.

5 Die Sauce mit Butter binden

Eine ausführliche Anleitung zum Binden mit Butter finden Sie auf Seite 41. Den Sud bei geringer Hitze leicht erwärmen. Den Topf auf den Herd stellen. Einige kalte Butterwürfel in den Sud geben und mit dem Schneebesen gut verrühren, bis sie sich aufgelöst haben. Die restliche Butter portionsweise zugeben und unterschlagen, bis die Sauce ein weiße Farbe angenommen hat und andickt.

6 Abschmecken

Die Sauce mit Salz und Pfeffer abschmecken. Sie sollte eine feine Säure besitzen und eine cremige Konsistenz haben.

7 Die Sauce abseihen

Wie Sauce hollandaise wird auch diese Buttersauce warm und nicht etwa heiß serviert. Um sie warm zu halten, wird sie in eine gut vorgewärmte Schüssel passiert. Um die Schüssel vorzuwärmen, wird sie einige Minuten in heißes Leitungswasser gestellt. Das Wasser ausgießen, die Schüssel abtrocknen und die Sauce durch ein feinmaschiges Sieb in die Schüssel abseihen. (Dabei keinesfalls die Schalotten durch das Sieb drücken!)

8 Die Sauce servieren oder warm halten

Nun werden, nach Belieben, die frisch gehackten Kräuter auf die Sauce gestreut. Die Weißwein-Butter-Sauce sofort servieren oder bis zu 2 Stunden an einem warmen Platz in der Küche, zum Beispiel neben den Herd, aufbewahren. Sollte sie in der Zwischenzeit weiter andicken, kann sie mit 1-2 Esslöffel heißem Weißwein oder Wasser verrührt werden.

Beurre-blanc-Variationen

Bei der Zubereitung der Weißwein-Butter-Sauce wurden schon 3 wichtige Techniken zur Herstellung von Saucen angewendet: Das Reduzieren eines Suds, das Binden mit Butter und das Abseihen. Durch Letzteres erhält die Sauce eine glatte und cremige Konsistenz. Nun können Sie sich auch an den Saucenvarianten probieren. Versuchen Sie unbedingt die Rotwein-Butter-Sauce. Wenn Sie die Sauce etwas süßlicher mögen, ersetzen Sie den Weißweinessig durch Balsamico. Sie können der Sauce auch einen etwas frischeren Geschmack verleihen, indem Sie abgeriebene Zitronenschale zufügen.

Beurre rouge

Rotwein-Butter-Sauce

Da sich der Rotweingeschmack beim Reduzieren intensiviert, sollten Sie eine Sorte verwenden, die nicht in Eichenfässern gelagert wurde. Diese Sauce schmeckt sehr gut zu Kalbskoteletts oder Rindersteaks.

Gemäß Grundrezept für Weißwein-Butter-Sauce vorgehen, in Schritt 3 jedoch den Weißwein durch 250 ml Rotwein (z.B. Zinfandel, Syrah oder einen Verschnitt aus Shiraz und Cabernet Sauvignon) und den Weißweinessig durch 2 Esslöffel Rotweinessig ersetzen.

Nun weiter gemäß Grundrezept vorgehen. Die Sauce abschmecken und sofort servieren.

ERGIBT ETWA 160 ML

Zitronen-Butter-Sauce

Die Zitronenschale verleiht der Sauce einen etwas frischeren Geschmack. Sie kann zu gedämpftem oder grünem Gemüse, Fisch und Meeresfrüchten serviert werden.

Gemäß Grundrezept für Weißwein-Butter-Sauce vorgehen. Für diese Sauce werden jedoch keine Kräuter benötigt. Nach dem Abseihen der Sauce in Schritt 7 die abgeriebene Schale von 1 Zitrone oder Limette einrühren.

Nun weiter gemäß Grundrezept vorgehen. Die Sauce abschmecken und sofort servieren.

ERGIBT ETWA 160 ML

Balsamico-Butter-Sauce

Weil sich der Geschmack des Balsamico-Essigs beim Reduzieren intensiviert und leicht verändert, brauchen Sie keine teure Sorte zu verwenden. Diese Sauce kann sehr gut zu Lamm serviert werden.

Gemäß Grundrezept für Weißwein-Butter-Sauce vorgehen, in Schritt 3 den Estragon durch ½ Teelöffel gehackte Rosmarinblätter und den Weißweinessig durch 2 Esslöffel Balsamico ersetzen.

Nun weiter gemäß Grundrezept vorgehen. Die Sauce abschmecken, nach Belieben mit Rosmarinblättern garnieren und sofort servieren.

ERGIBT ETWA 160 ML

Vinaigrette

Öl, Essig, Senf, Salz und Pfeffer – mehr braucht man nicht für eine gute Vinaigrette. Wenn man alles gut verquirlt, erhält man ein wunderbares Dressing für einen knackigen Salat.

1 Essig und Salz verrühren
In einer Schüssel Essig und Salz verrühren, bis sich das Salz auflöst. (Das Salz wird vor dem Öl zugegeben, da es sich in Essig schneller auflöst.) Nun den Senf unterrühren. (Senf gibt der Vinaigrette nicht nur Geschmack, sondern sorgt auch dafür, dass sich Essig und Öl besser verbinden.)

2 Das Öl unterrühren
Das Dressing kräftig aufschlagen und dabei das Öl langsam zugießen. Dabei dickt das Dressing an und das Volumen nimmt zu.

3 Abschmecken
Den Pfeffer unterrühren und die Sauce abschmecken. Die Vinaigrette nicht pur probieren, da sie sehr sauer schmeckt. Lieber ein Salatblatt oder anderes Gemüse eintauchen und kosten. Wer die Vinaigrette lieber etwas würziger mag, kann noch etwas Senf oder Essig einrühren. Um sie etwas abzumildern, kann noch etwas Öl zugegeben werden.

4 Die Vinaigrette servieren oder aufbewahren
Wenn Sie die Vinaigrette nicht sofort servieren möchten, füllen Sie sie in ein Schraubglas mit Deckel. Sie kann bis zu 5 Tage im Kühlschrank aufbewahrt werden. Durch die Kühlung wird das Olivenöl dickflüssig. Nehmen Sie die Sauce deshalb 30 Minuten vor dem Servieren aus dem Kühlschrank und stellen Sie das Glas in eine Schüssel mit warmem Wasser, bis die Vinaigrette etwa Zimmertemperatur hat. Falls sich Öl und Essig getrennt haben, einfach das Glas kräftig schütteln oder die Vinaigrette mit dem Schneebesen kurz verquirlen.

3 EL Weißweinessig

¼ TL Salz

½ TL Dijon-Senf

180 ml Pflanzenöl

1 Prise frisch gemahlener schwarzer Pfeffer

ERGIBT ETWA 250 ML

PROFITIPP

Ein Schneebesen ist das klassische Utensil zur Herstellung einer Vinaigrette. Sie können jedoch auch eine Gabel oder ein elektrisches Handrührgerät verwenden oder die Zutaten einfach in ein Schraubglas geben und kräftig schütteln. Besonders cremig wird die Vinaigrette, wenn Sie sie im Standmixer zubereiten (siehe Seite 102).

EMPFEHLUNG
Als Dressing für Salate aller Art. Als Sauce zu pochiertem oder gegrilltem Fisch und Meeresfrüchten.

Vinaigrette-Variationen

Im Folgenden finden Sie wunderbare Variationen der klassischen Vinaigrette. Eine hat eine eher fruchtige, eine andere eine eher asiatische Note. Für eine Vinaigrette rechnet man normalerweise vier Teile Öl auf einen Teil Essig. Dieses Verhältnis kann aber auch je nach Essigsorte verändert werden. Wird Balsamico-Essig verwendet, so wird die Ölmenge verringert. Meist wird eine Vinaigrette mit eher geschmacksneutralen Pflanzenölen, beispielsweise Rapsöl, hergestellt. Sie können aber auch Olivenöl verwenden, wenn Sie den Geschmack des Dressings etwas variieren möchten.

Vinaigrette aus dem Mixer

Durch die schnellen Rotiermesser des Standmixers verbinden sich die Zutaten besonders gut und die Vinaigrette erhält eine schöne, sämige Konsistenz.

Essig, Salz und Senf (siehe Grundrezept Seite 101) in den Mixer geben und verrühren. Bei laufendem Motor das Öl in einem dünnen Strahl durch die Öffnung im Deckel zugießen. Mit Pfeffer würzen und noch einmal kurz verrühren.

Gemäß Grundrezept fortfahren. Abschmecken und servieren.

ERGIBT ETWA 250 ML

Sherry-Vinaigrette mit Roquefort & Walnüssen

Eine cremige Variante für Liebhaber von Blauschimmelkäse. Passt ausgezeichnet zu grünem Salat mit Roter Bete.

Die Vinaigrette gemäß Grundrezept zubereiten, jedoch in Schritt 1 den Weißweinessig durch 3 Esslöffel Sherryessig ersetzen. Der Senf wird für dieses Rezept nicht benötigt. In Schritt 2 das Pflanzenöl durch 180 ml Walnussöl ersetzen. Nach dem Einrühren des Öls 90 g zerkrümelten Roquefort oder anderen Blauschimmelkäse und ½ fein gehackte Schalotte unterrühren.

Gemäß Grundrezept fortfahren. Bedenken Sie beim Abschmecken, dass der Käse Salz enthält. Sofort servieren.

ERGIBT ETWA 310 ML

Himbeer-Walnuss-Vinaigrette

Perfekt wird ein Salat mit diesem Dressing, wenn Sie ihn vor dem Servieren mit gerösteten und gehackten Walnüssen bestreuen.

Die Vinaigrette gemäß Grundrezept zubereiten, jedoch in Schritt 1 den Weißweinessig durch 3 Esslöffel Himbeeressig ersetzen. Der Senf wird für dieses Rezept nicht benötigt. In Schritt 2 das Pflanzenöl durch 180 ml Walnussöl ersetzen.

Gemäß Grundrezept fortfahren. Abschmecken und servieren.

ERGIBT ETWA 250 ML

Zitronen-Vinaigrette mit Schalotten

Diese leuchtend gelbe Vinaigrette schmeckt besonders gut zu Salaten mit Meeresfrüchten.

Die Schale von 1 Zitrone abreiben und den Saft auspressen. (Sie benötigen etwa 3 Esslöffel Zitronensaft.) Die Vinaigrette gemäß Grundrezept zubereiten, jedoch in Schritt 1 den Weißweinessig durch den Zitronensaft ersetzen und die abgeriebene Zitronenschale unterrühren. In Schritt 2 zusätzlich 1 Esslöffel feine Schalottenwürfel unterrühren.

Gemäß Grundrezept fortfahren. Abschmecken und servieren.

ERGIBT ETWA 250 ML

Asiatische Vinaigrette

Diese Vinaigrette hat eine asiatische Note und kann sehr gut zu herben Blatt- oder Gemüsesalaten serviert werden.

Etwa 30 g Ingwerwurzel in eine Schüssel reiben. Den Ingwer nun mit den Händen kräftig ausdrücken und den austretenden Saft in einer Schüssel auffangen. (Sie benötigen etwa 1 Esslöffel Ingwersaft.) Den ausgedrückten Ingwer können Sie anderweitig verwenden.

Die Vinaigrette gemäß Grundrezept zubereiten, jedoch in Schritt 1 den Weißweinessig durch 3 Esslöffel Reis- oder Sherry-Essig ersetzen. Zusätzlich den Ingwersaft und 1 Esslöffel Sojasauce zufügen. Der Senf wird für dieses Rezept nicht benötigt. In Schritt 2 nur 160 ml Pflanzenöl zugießen und zusätzlich 1 Esslöffel Sesamöl unterrühren.

Gemäß Grundrezept fortfahren. Bedenken Sie beim Abschmecken, dass die Sojasauce Salz enthält. Sofort Servieren.

ERGIBT ETWA 250 ML

Orangen-Vinaigrette mit Estragon

Für diese leicht süßliche Vinaigrette wird der Essig durch Orangensaft ersetzt und weniger Öl verwendet. Die fettarme, fruchtige Sauce schmeckt sehr gut zu Geflügel, Garnelen, gedämpftem Spargel und Artischocken.

250 ml frisch gepressten Orangensaft in einen kleinen Topf geben und bei hoher Hitze 10 Minuten unter Rühren köcheln lassen, bis er auf 125 ml reduziert ist. Vom Herd nehmen und abkühlen lassen.

Die Vinaigrette gemäß Grundrezept zubereiten, jedoch in Schritt 1 den Weißweinessig durch 3 Esslöffel Balsamico-Essig ersetzen und zusätzlich den reduzierten Orangensaft einrühren. In Schritt 2 nur 60 ml Pflanzenöl verwenden und zusätzlich 2 Esslöffel frisch gehackten Estragon einrühren.

Gemäß Grundrezept fortfahren. Abschmecken und servieren.

ERGIBT ETWA 250 ML

125 g Butter, auf Raumtemperatur

Für Petersilien-Zitronen-Butter
(Beurre maître d'hôtel)

2 EL frisch gehackte glatte Petersilie

abgeriebene Schale von 1 Zitrone

1 EL frisch gepresster Zitronensaft

Für Roquefort-Butter

90 g Roquefort oder anderer Blauschimmel-käse, auf Raumtemperatur

Für Olivenbutter

50 g fein gehackte, entsteinte
schwarze Oliven

¼ TL Salz

1 Prise frisch gemahlener schwarzer Pfeffer

ERGIBT ETWA 125 G

PROFITIPP
*Wenn Sie keine Zeit haben, um die
Butter vor der Verarbeitung auf
Zimmertemperatur kommen zu lassen,
können Sie die kalte Butter in Scheiben
schneiden und mit dem elektrischen
Handrührgerät cremig rühren.*

EMPFEHLUNG
*Zu Steaks und gebratenem Fleisch aller
Art. Zu gedämpftem oder gekochtem
Gemüse und zu Ofenkartoffeln.*

Gewürzte Butter

Butter kann man mit vielen verschiedenen Zutaten aromatisieren. Hier lernen Sie drei Varianten kennen. Die gewürzte Butter wird zu einer Rolle geformt, von der man leicht dünne Scheiben abschneiden kann. Die Aromen kommen erst richtig zur Geltung, wenn die Gewürzbutter auf heiße Speisen angerichtet wird und schmilzt.

1 Butter und Würzzutaten mischen
In einer mittelgroßen Schüssel die Butter mit den jeweiligen Würzzutaten des Rezeptes mischen und glatt rühren. Das gelingt am besten mit einem Teigschaber aus Kunststoff. Sie können aber auch einen Löffel verwenden.

2 Abschmecken
Die Gewürzbutter mit Salz und Pfeffer abschmecken. Bedenken Sie dabei, dass einige Zutaten, beispielsweise Käse und Oliven, bereits Salz enthalten.

3 Die Butter in Form bringen
Ein 30 cm x 30 cm großes Stück Backpapier oder Frischhaltefolie auf die Arbeitsfläche legen, die Butter in die Mitte geben und zu einem länglichen Streifen von 20 cm Länge und 5 cm Breite formen. Die Vorderkante über die Butter falten, dann das Papier oder die Folie aufrollen, um die Butter zu einer Rolle zu formen. Die beiden Enden des Papiers wie bei einem Bonbon zudrehen, damit die Butter in Form bleibt. Die Butter nun mindestens 2 Stunden in den Kühlschrank legen.

4 Gewürzte Butter servieren oder aufbewahren
Die Butter auswickeln und mit einem scharfen Messer für jede Portion eine 5 mm dicke Scheibe abschneiden. Die Butterscheiben auf die heißen Speisen legen und schmelzen lassen. Die eingewickelte Butter hält sich bis zu 1 Woche im Kühlschrank oder bis zu 2 Monate im Gefrierfach. Um tiefgekühlte Gewürz-butter besser schneiden zu können, wird das Messer in heißes Wasser getaucht.

5

Pesto, Salsa & Co.

Auf den folgenden Seiten finden Sie eine Auswahl an Saucenrezepten aus der ganzen Welt – vom italienischen Pesto bis zur südamerikanischen Salsa. Viele dieser Saucen enthalten nur wenig Fett, da frische Kräuter, Gemüse und Früchte für ein kräftiges Aroma sorgen. Fast alle Saucen sind schnell und einfach zuzubereiten. Obendrein bestechen sie durch eine wunderschöne Farbe und zahlreiche Serviermöglichkeiten.

Basilikum-Pesto

Ein klassisches grünes Pesto besteht aus frischem Basilikum, Knoblauch, Pinienkernen, Parmesan und Olivenöl. Traditionell bereitet man Pesto im Mörser zu. Schneller geht es jedoch im Mixer oder der Küchenmaschine. Im Folgenden werden Ihnen alle drei Methoden der Pesto-Herstellung erklärt.

Zubereitung in der Küchenmaschine

1 Die Zutaten vorbereiten
Den Käse fein reiben. Die Pinienkerne in eine kleine Pfanne geben und 3–5 Minuten bei mittlerer Temperatur unter Rühren trocken rösten, bis sie anfangen zu duften. (Vorsicht, sie verbrennen leicht!) Die Pinienkerne zum Abkühlen auf einen Teller geben. Die Küchenmaschine einschalten und bei laufendem Motor die Knoblauchzehen zugeben. Den Motor anhalten, Käse und Pinienkerne zufügen und kurz mixen.

2 Die Zutaten zerkleinern
Das Basilikum zufügen und den Motor wieder einschalten. Das Öl in einem dünnen Strahl durch die Öffnung im Deckel zugießen und alles zu einer dicken Paste verarbeiten. Die Küchenmaschine gelegentlich anhalten und das Pesto von den Wänden der Schüssel zurück in die Mitte streichen.

3 Abschmecken
Das Pesto mit Salz und Pfeffer abschmecken. Es sollte hauptsächlich nach frischem Basilikum schmecken und durch Knoblauch, Pinienkerne und Käse ein schönes Aroma erhalten haben.

4 Das Pesto verwenden oder aufbewahren
Wenn Sie das Pesto nicht sofort servieren möchten, füllen Sie es in einen luftdicht verschließbaren Behälter und gießen Sie eine dünne Schicht Olivenöl auf die Oberfläche, damit sich das Pesto nicht verfärbt. Das Pesto ist im Kühlschrank bis zu 1 Woche haltbar. Vor der Verwendung sollte es gut verrührt und auf Zimmertemperatur gebracht werden.

60 g Pecorino Romano oder Parmigiano Reggiano (oder eine Mischung aus beiden)

30 g Pinienkerne

2 Knoblauchzehen

60 g frische Basilikumblätter, geputzt

125 ml natives Olivenöl extra

¼ TL Salz

1 Prise frisch gemahlener schwarzer Pfeffer

ERGIBT ETWA 250 G

PROFITIPP
Damit das Basilikum-Pesto leuchtend grün bleibt, wird manchmal 1 Esslöffel frisch gehackte glatte Petersilie zugegeben. Diese verfärbt sich nach dem Hacken nicht so schnell.

1

2>>

Mit Mörser und Stößel

1 Die Zutaten vorbereiten
Den Käse fein reiben. Die Pinienkerne in eine kleine Pfanne geben und 3–5 Minuten bei mittlerer Temperatur unter Rühren trocken rösten, bis sie anfangen zu duften. (Vorsicht, sie verbrennen leicht!) Die Pinienkerne zum Abkühlen auf einen Teller geben.

2 Knoblauch, Basilikum und Pinienkerne zerstoßen
Die Knoblauchzehen in den Mörser geben und mit dem Stößel grob zerdrücken. Das Basilikum in mehreren Portionen (jeweils etwa eine Handvoll) zufügen und mit kräftigem Druck zerreiben; dabei mit der freien Hand den Mörser gut festhalten. Diese Arbeit kann einige Minuten beanspruchen. Nach und nach die Pinienkerne zugeben und ebenfalls zerreiben.

3 Käse und Öl einrühren
Die Mischung in eine Schüssel umfüllen und den Mörser mit einem Teigschaber gut auskratzen. Nun den Käse einrühren. Dann unter ständigem Rühren das Öl in einem dünnen Strahl zugießen, bis eine Paste entstanden ist.

4 Abschmecken
Das Pesto mit Salz und Pfeffer abschmecken. Es sollte hauptsächlich nach frischem Basilikum schmecken und durch Knoblauch, Pinienkerne und Käse ein schönes Aroma erhalten haben.

5 Das Pesto verwenden oder aufbewahren
Wenn Sie das Pesto nicht sofort servieren möchten, füllen Sie es in einen luftdicht verschließbaren Behälter und gießen Sie eine dünne Schicht Olivenöl auf die Oberfläche, damit sich das Pesto nicht verfärbt. Das Pesto ist im Kühlschrank bis zu 1 Woche haltbar. Vor der Verwendung sollte es gut verrührt und auf Zimmertemperatur gebracht werden.

PROFITIPP
Manche sind der Ansicht, dass sich die Aromen von Knoblauch und Basilikum beim Zerstampfen im Mörser besser entfalten als beim Zerhacken im Mixer oder in der Küchenmaschine.

Zubereitung im Mixer

1 Die Zutaten vorbereiten
Den Käse fein reiben. Die Pinienkerne in eine kleine Pfanne geben und 3–5 Minuten bei mittlerer Temperatur unter Rühren trocken rösten, bis sie anfangen zu duften. (Vorsicht, sie verbrennen leicht!) Die Pinienkerne zum Abkühlen auf einen Teller geben.

PROFITIPP

Größere Basilikumblätter schmecken intensiver, haben aber meist noch einen etwas bitteren Nachgeschmack. Für ein aromatisches Pesto sollten Sie am besten kleine, junge Blätter verwenden.

2 Die Zutaten zerkleinern
Den Mixer einschalten und bei laufendem Motor die Knoblauchzehen durch die Öffnung im Deckel zugeben. Öl und Pinienkerne zufügen und kurz mixen. Das Basilikum in mehreren Portionen (jeweils etwa eine Handvoll) zufügen, bis eine Paste entsteht. Den Mixer gelegentlich anhalten und das Pesto von den Wänden der Schüssel zurück in die Mitte streichen. Falls das Pesto zu dick wird, kann noch etwas Öl zugegeben werden.

3 Abschmecken
Das Pesto in eine Schüssel füllen und mit Salz und Pfeffer abschmecken. Es sollte hauptsächlich nach frischem Basilikum schmecken und durch Knoblauch, Pinienkerne und Käse ein schönes Aroma erhalten haben.

4 Das Pesto verwenden oder aufbewahren
Wenn Sie das Pesto nicht sofort servieren möchten, füllen Sie es in einen luftdicht verschließbaren Behälter und gießen Sie eine dünne Schicht Olivenöl auf die Oberfläche, damit sich das Pesto nicht verfärbt. Das Pesto ist im Kühlschrank bis zu 1 Woche haltbar. Vor der Verwendung sollte es gut verrührt und auf Zimmertemperatur gebracht werden.

Serviervorschläge

Pesto ist sehr vielseitig. Meist wird es als Nudelsauce serviert, aber der frische, aromatische Kräutergeschmack passt auch zu gut zu gegrilltem Fleisch und Fisch. Auch kann es wunderbar zu gerösteten Brotscheiben (Crostini) oder Kartoffelgerichten, beispielsweise Gnocchi oder Folienkartoffeln, serviert werden.

Pesto als Aufstrich (oben links)
Baguettescheiben mit etwas Olivenöl einpinseln, im Ofen rösten und mit Pesto bestreichen.

Pesto als Grillsauce (links)
Zu gegrillten Fischsteaks, beispielsweise vom Thunfisch oder Lachs, kann Pesto als Grillsauce serviert werden. Auch zu gegrilltem Lamm, Rindfleisch und Geflügel schmeckt es sehr gut.

Pesto als Nudelsauce (oben)
Pesto haftet besser an Nudeln, wenn es mit etwas Nudelkochwasser verdünnt wird. Servieren Sie es zu dünnen Spaghetti oder auch zu Kartoffel-Gnocchi.

Pesto-Variationen

Hier finden Sie wunderbare Varianten zum klassischen Pesto-Rezept. Basilikum-Pesto stammt aus Ligurien im Nordwesten Italiens, doch jede Region Italiens hat ihr eigenes Pesto-Rezept. So kann das Basilikum durch Rucola und Minze ersetzt werden. Koriander gibt einem klassischen Pesto noch eine besondere Note. Experimentieren Sie auch mit verschiedenen Käsesorten, unterschiedlichen Nüssen oder der Knoblauchmenge. Eine Zutat, die sich nicht ersetzen lässt, ist qualitativ hochwertiges kalt gepresstes Olivenöl.

Pesto mit Walnüssen & Pecorino

Bei dieser Variante werden die Pinienkerne durch Walnüsse und der Parmesan durch Pecorino ersetzt.

Das Pesto nach Grundrezept im Mixer, in der Küchenmaschine oder im Mörser zubereiten. Die Pinienkerne durch 30 g gehackte Walnüsse ersetzen und das Pesto mit Pecorino Romano zubereiten.

Abschmecken und servieren.

ERGIBT ETWA 250 G

Minze-Pesto

Streichen Sie dieses Minze-Pesto 10 Minuten vor Ende der Garzeit auf Lammfleisch oder reichen Sie es als Sauce dazu.

Das Pesto nach Grundrezept im Mixer, in der Küchenmaschine oder im Mörser zubereiten. Das Basilikum durch 60 g frische Minzeblätter ersetzen.

Abschmecken und servieren.

ERGIBT ETWA 250 G

Rosmarin-Walnuss-Pesto

Dieses Pesto kann sehr gut zu gegrillten Schweinekotellets oder Rindersteaks serviert werden.

Das Pesto nach Grundrezept im Mixer, in der Küchenmaschine oder im Mörser zubereiten. Die Pinienkerne durch 30 g gehackte Walnüsse, das Basilikum durch 50 g glatte Petersilienblätter und 10 g frischen Rosmarin ersetzen.

Abschmecken und servieren.

ERGIBT ETWA 250 G

PROFITIPP

Frische Kräuter lassen sich am besten hacken oder zerreiben, wenn sie ganz trocken sind. Nach dem Abspülen können sie in einer Salatschleuder trocken geschleudert werden.

Rucola-Pesto

Der pfeffrige Geschmack des Rucola passt sehr gut zu Nudeln, aber auch zu gegrillten Garnelen (Scampi).

60 g Rucola abspülen und in einer Salatschleuder trocken schleudern. Die harten Stiele entfernen.

Das Pesto nach Grundrezept im Mixer, in der Küchenmaschine oder im Mörser zubereiten. Das Basilikum durch den Rucola ersetzen.

Abschmecken und servieren.

ERGIBT ETWA 250 G

Koriander-Pesto

Eine würzige Sauce zu gebratenem Schweinefilet oder Grillhähnchen.

Das Pesto nach Grundrezept im Mixer, in der Küchenmaschine oder im Mörser zubereiten. Die Pinienkerne durch 30 g geschälte Kürbiskerne ersetzen. Mit dem Knoblauch 1 entkernte gehackte rote Chili zufügen und das Basilikum durch 60 g frische Korianderblätter ersetzen. Für dieses Rezept Pecorino Romano verwenden.

Wenn Sie das Pesto etwas frischer mögen, können Sie noch etwas abgeriebene Schale von 1 Limette und 1 Esslöffel Limettensaft unterrühren.

Abschmecken und servieren.

ERGIBT ETWA 250 G

Pistou

Die provenzalische Version des Pesto wird traditionell zum Würzen von Suppen verwendet (1 Esslöffel Pistou pro Portion), schmeckt aber auch sehr gut zu gegrilltem Fisch.

Das Pesto nach Grundrezept im Mixer, in der Küchenmaschine oder im Mörser zubereiten. Die Pinienkerne durch 30 g abgezogene gehackte Mandeln ersetzen. Den Parmesan oder Pecorino durch 60 g fein geriebenen Gruyère ersetzen.

Abschmecken und servieren.

ERGIBT ETWA 250 G

PROFITIPP

Wenn Sie Pesto im Gefrierfach aufbewahren möchten, sollten Sie bei der Zubereitung noch keinen Käse zugeben, sondern diesen erst nach dem Auftauen unterrühren. Pesto hält sich im Gefrierfach bis zu 3 Monate. Vor dem Servieren das Pesto noch einmal abschmecken.

Tomaten-Salsa

Die Qualität der Zutaten entscheidet über den Geschmack der Sauce. Das gilt besonders für diese sommerliche Salsa, die aus rohen Zutaten zubereitet wird. Saftige Tomaten, aromatische Zwiebeln und ein Schuss Limettensaft sorgen für einen herrlich würzigen Geschmack.

1 Die Tomaten entkernen und würfeln
Eine ausführliche Anweisung zum Entkernen von Tomaten finden Sie auf Seite 35. Die Tomaten mit einem Messer quer durchschneiden. Die Tomatenhälften über einer Schüssel vorsichtig ausdrücken. Die Kerne und überschüssige Flüssigkeit mit einem Teelöffel herausschaben. Die Kerne werden nicht verwendet. Die Tomatenhälften mit der Schnittfläche nach unten auf ein Schneidebrett legen und in 5 mm dicke Scheiben schneiden. Die Scheiben in 5 mm breite Streifen schneiden und die Streifen schließlich in 5 mm große Würfel schneiden.

2 Die Chili vorbereiten
Wichtige Tipps zur Verarbeitung von Chilis finden Sie auf Seite 40. Um Hautreizungen zu vermeiden, ziehen Sie Einweghandschuhe an. Die Chili mit einem kleinen, scharfen Messer längs vierteln. Von den Chilivierteln die Samen, weißen Rippen und Stielansätze entfernen. Samen und Rippen beiseitelegen. Sie können Sie zum Nachwürzen verwenden, wenn Sie die Salsa etwas schärfer mögen. Die Viertel mit der Schnittfläche nach oben auf die Arbeitsfläche legen und in 3 mm breite Streifen schneiden. Die Chilistreifen nebeneinander legen und quer in 3 mm große Stücke schneiden.

3 Die Salsa anrühren
Tomaten- und Chiliwürfel, Zwiebel, Koriander (nach Belieben), Limettensaft und Knoblauch in einer Schüssel vermischen, dabei die Tomatenwürfel nicht zerdrücken. Bei Zimmertemperatur 15 Minuten ziehen lassen, damit sich die Aromen entfalten können.

4 Abschmecken
Die Salsa mit Salz abschmecken. Ist sie Ihnen zu mild, können Sie nun die aufbewahrten Samen und Rippen der Chili einrühren. Fehlt Ihnen Säure, können Sie noch etwas Limettensaft zugießen.

5 Die Salsa servieren oder aufbewahren
Die Salsa sofort servieren. Sie sollte am Tag der Zubereitung verbraucht werden, sonst wird sie zu wässrig. Mit Frischhaltefolie abgedeckt hält sich die Salsa bis zu 12 Stunden im Kühlschrank. Gekühlt oder zimmerwarm servieren.

500 g vollreife Tomaten

1 kleine grüne Chili

½ Zwiebel, fein gewürfelt (siehe Seite 30)

1 EL frisch gehackter Koriander (nach Belieben)

Saft von ½ Limette

1 Knoblauchzehe, gehackt (siehe Seite 34)

½ TL Salz

ERGIBT ETWA 500 G

PROFITIPP
Für Salsas und andere Gerichte aus rohen Zutaten verwende ich gern weiße Zwiebeln. Sie sind nicht so scharf wie die gelblichen Zwiebeln. Wer es noch milder mag, kann die Zwiebelwürfel 15 Minuten in Eiswasser legen. Danach abgießen, trocken tupfen und verarbeiten.

EMPFEHLUNG
Als Würzsauce zu Rindersteak oder Fischsteaks. Als Dip zu Tortilla-Chips und Rohkost.

Salsa-Variationen

Salsa lässt sich wunderbar variieren. Im Winter, wenn keine aromatischen Tomaten zu bekommen sind, empfiehlt sich die Salsa aus gekochten Tomaten. Die Salsa aus schwarzen Bohnen und Mais schmeckt eher deftig, während die Papaya-Salsa einen sehr frischen Geschmack hat. Wer es gerne fruchtig mag, sollte die Variante mit Ananas und Mango probieren. Die Orangen-Rosmarin-Salsa mit Chili schmeckt besonders gut zu gebratenem Geflügel.

Salsa aus gekochten Tomaten

Dosentomaten können für Salsas verwendet werden, deren übrige Zutaten ebenfalls gegart werden. Diese Salsa ist ein wunderbarer Dip für Chips und Rohkost.

875 g gehackte Tomaten aus der Dose abgießen und abtropfen lassen. In einer Pfanne 1 Esslöffel Olivenöl bei mittlerer Temperatur erhitzen und ½ gewürfelte Zwiebel darin 4 Minuten glasig dünsten. 1 gehackte milde grüne Chili und 1 gehackte Knoblauchzehe zufügen und 1 Minute mitdünsten, bis der Knoblauch anfängt zu duften. Die abgetropften Tomaten zufügen und unter gelegentlichem Rühren erhitzen. In eine Schüssel füllen und abkühlen lassen.

Den Saft von 1 Limette, 2 Teelöffel frisch gehackte Korianderblätter und 1 Prise Salz zur Tomatenmischung geben und vorsichtig verrühren.

Etwa 15 Minuten ziehen lassen. Dann abschmecken und servieren.

ERGIBT ETWA 500 G

Ananas-Salsa mit Minze

Diese Salsa schmeckt einfach köstlich zu gegrilltem Schweinefleisch.

In einer Schüssel 375 g gewürfelte, frische Ananas, 1 gehackte milde grüne Chili, 2 Esslöffel feine Schalottenwürfel, 1½ Esslöffel frisch gehackte Minze, 2 Esslöffel frisch gepressten Limettensaft, ½ Teelöffel Salz und 1 Prise frisch gemahlenen schwarzen Pfeffer verrühren.

Etwa 15 Minuten ziehen lassen. Dann abschmecken und servieren.

ERGIBT ETWA 500 G

Bohnen-Salsa mit Mais

Diese Salsa kann sehr gut zu Tortilla-Chips oder auch zu gegrillten Speisen serviert werden.

In einer Schüssel 1 entkernte, gewürfelte Tomate, 1 gehackte milde grüne Chili, ½ fein gehackte Zwiebel, 1 gehackte Knoblauchzehe, 470 g schwarze Bohnen aus der Dose (abgespült und abgetropft) oder 280 g frisch gekochte schwarze Bohnen und 140 g Gemüsemais aus der Dose mischen.

Etwa 15 Minuten ziehen lassen. Mit Salz und Pfeffer abschmecken und servieren.

ERGIBT ETWA 750 G

Papaya-Salsa

Diese Salsa schmeckt sehr frisch und passt sehr gut zu gegrillten Lachs- oder Thunfischsteaks.

1 große, reife Papaya (etwa 500 g) schälen, entkernen, das Fruchtfleisch in feine Würfel schneiden und in eine Schüssel geben. 1 gelbe Paprikaschote entstielen, entkernen, ebenfalls in feine Würfel schneiden und zur Papaya geben.

1 gehackte milde grüne Chili, 2 Esslöffel frisch gehackte Korianderblätter, 2 gehackte Frühlingszwiebeln, 2 Esslöffel frisch gepressten Limettensaft, ½ Teelöffel Salz und 1 Prise frisch gemahlenen schwarzen Pfeffer unterrühren.

Etwa 15 Minuten ziehen lassen. Abschmecken und servieren.

ERGIBT ETWA 500 G

Mango-Salsa

Diese Salsa kann sehr gut zu gegrilltem Lachs sowie gegrilltem Schweine- oder Rindfleisch serviert werden.

3 reife Mangos schälen, entkernen und fein würfeln. Dazu die Frucht auf eine Schmalseite stellen, das Stielende zeigt nach vorn. Mit einem scharfen Messer die Frucht 1 cm neben dem Stiel längs durchschneiden. Der Schnitt sollte knapp neben dem großen, flachen Kern verlaufen. Die Frucht auf der anderen Seite des Kerns ebenso durchschneiden. Die beiden Fruchtfleischstücke schälen und in kleine Würfel schneiden.

In einer Schüssel die Mangowürfel, 1 gehackte milde grüne Chili, 1 fein gehackte Frühlingszwiebel, 2 Teelöffel frisch gehackte Korianderblätter, die abgeriebene Schale von 1 Limette, 2 Esslöffel frisch gepressten Limettensaft, ½ Teelöffel Salz und 1 Prise frisch gemahlenen schwarzen Pfeffer verrühren.

Etwa 15 Minuten ziehen lassen. Abschmecken und servieren.

ERGIBT ETWA 500 G

Orangen-Rosmarin-Salsa

Diese Salsa passt sehr gut zu gegrilltem Geflügel. Wer es schärfer mag, kann anstatt einer milden eine scharfe rote Chili verwenden.

7 Orangen schälen und filetieren. Dafür von jeder Frucht oben und unten einen Deckel abschneiden. Die Frucht auf eine Schnittfläche stellen und mit einem scharfen Messer schälen, dabei auch die weiße Innenhaut restlos entfernen. Über einer Schüssel mit dem Messer die einzelnen Segmente zwischen den Häuten herauslösen und in die Schüssel geben; dabei auch den austretenden Saft auffangen.

½ gehackte milde rote Chili, ½ gehackte große Schalotte, 1 Esslöffel frisch gehackten Rosmarin, den Saft von ½ Limette, ½ Teelöffel Salz und 1 Prise frisch gemahlenen schwarzen Pfeffer in die Schüssel geben und alles gut verrühren.

Etwa 15 Minuten ziehen lassen. Mit Salz und Pfeffer abschmecken und servieren.

ERGIBT ETWA 500 G

Sauce aus gegrillter Paprika

Um eine dickflüssige Sauce zu erhalten, müssen Sie nicht unbedingt Butter verwenden. Auch fein püriertes Gemüse, mit wenigen Würzzutaten verfeinert, kann eine sämige Sauce ergeben. In Frankreich spricht man bei dieser Saucen-Art von *Coulis*.

1,2 kg rote Paprika

1 EL Olivenöl

1 EL Balsamico-Essig

1 TL Salz

1 Prise Paprikapulver

ERGIBT ETWA 500 ML

1 Den Grill vorbereiten
Den Holzkohle-, Elektro- oder Backofengrill vorheizen.

2 Die Paprika vorbereiten
Von jeder Paprikaschote oben und unten eine 2 cm dicke Scheibe abschneiden. Die Scheibe mit dem Stiel wegwerfen, die andere Scheibe aufbewahren. Das Mittelstück der Paprika längs durchschneiden und flach ausbreiten, die Rippen und Samen herausschneiden und wegwerfen.

3 Die Paprika grillen
Den Grillrost dünn mit Öl bepinseln. Die ausgebreiteten Paprikaschoten und die aufbewahrten Paprikascheiben auf der Hautseite auf den Grill legen und so lange garen, bis die Haut schwarz wird und Blasen wirft. Nicht wenden und darauf achten, dass das Fruchtfleisch nicht verbrennt. Die Paprika in eine Schüssel legen und etwas abkühlen lassen. (Die Schüssel nicht abdecken, sonst könnte das Fruchtfleisch zu weich für die weitere Verarbeitung werden.)

4 Die Paprika häuten und pürieren
Die Haut der Paprika mit einem kleinen, spitzen Messer abziehen und wegwerfen. (Falls Sie nicht die komplette Haut entfernen können, ist es nicht so schlimm.) Die Paprika im Mixer kurz pürieren. Bei laufendem Motor Essig, Salz und Paprikapulver zufügen und glatt pürieren. Nach Belieben können Sie die Sauce noch einmal durch ein Sieb passieren. Dazu ein feinmaschiges Sieb über eine Schüssel hängen. Die Sauce hineingießen und mit einem Holzlöffel fest über den Siebgrund fahren, um die Sauce durchzustreichen. Die Sauce von der Außenseite des Siebs abstreifen. Die Rückstände im Sieb wegwerfen.

5 Abschmecken
Die Sauce sollte hauptsächlich nach Paprika schmecken und ein leichtes Grillaroma haben. Nach Belieben noch etwas Essig, Salz oder Paprikapulver unterrühren.

6 Die Sauce servieren oder aufbewahren
Wenn die Sauce nicht sofort serviert wird, kann sie in einen gefriergeeigneten Behälter mit Deckel gefüllt werden und hält sich bis zu 3 Monate im Gefrierfach. Zum Servieren die Sauce dann auftauen, gut verrühren und etwa zimmerwarm servieren.

PROFITIPP

Wer einen Gasherd hat, braucht den Grill nicht anzuheizen, sondern kann ganze Paprikaschoten über der Flamme rösten. Mit einer Zange die Paprika über die Flammen halten und ständig drehen, bis die Haut ringsherum schwarz ist und Blasen wirft; dabei darauf achten, dass das Fruchtfleisch nicht verbrennt.

EMPFEHLUNG

Als Sauce zu gegrilltem oder pochiertem Fisch oder gegrillter Hähnchenbrust. Zum Aromatisieren von Mayonnaise (siehe Seite 89), als Dip oder als Brotaufstrich.

Pfirsich-Chutney

Chutneys sind eine Mischung aus süßen, scharfen, sauren und herzhaften Aromen. Sie können auf verschiedene Arten zubereitet und vielfältig verwendet werden. Dieses Chutney mit saftigen Pfirsichstückchen schmeckt wunderbar zu Gegrilltem und Gebackenem.

1 Den Ingwer reiben

Den Ingwer schälen und fein reiben, dabei den Saft auffangen. Sie benötigen etwa 60 g geriebenen Ingwer.

2 Die Pfirsiche häuten und würfeln

Einen großen Topf zu drei Vierteln mit Wasser füllen und dieses aufkochen. Eine große Schüssel zu drei Vierteln mit Eiswasser füllen. Die Pfirsichhaut am Blüten- oder Stielende kreuzförmig einritzen. Jeweils einige Pfirsiche ins kochende Wasser legen. Nach 30 Sekunden, wenn sich die Haut gerade löst, mit einem Schaumlöffel herausheben und sofort ins Eiswasser legen. Die Haut der Pfirsiche am Einschnitt mit einem spitzen Messer anheben und abziehen. Die Pfirsiche halbieren, den Stein entfernen und das Fruchtfleisch in 2,5 cm große Stücke schneiden. (Falls sich der Stein nicht löst, müssen Sie ihn eventuell herausschneiden.)

3 Das Gemüse andünsten

Das Öl in einem Topf bei mittlerer Temperatur erhitzen, die Zwiebel zugeben und 5 Minuten unter Rühren anbräunen. Geriebenen Ingwer, Knoblauch und Chili zufügen und 1 Minute mitdünsten, bis der Knoblauch zu duften beginnt.

4 Das Chutney kochen

Pfirsiche, Zucker, Essig und Zimtstange zugeben und unter Rühren erhitzen, bis die Pfirsiche Saft abgeben und die Mischung zu kochen beginnt. Die Hitze reduzieren und die Mischung 30–40 Minuten unter häufigem Rühren köcheln lassen, bis die Pfirsichstücke sehr weich sind und der Sud andickt. (Vorsicht, das Chutney brennt leicht an!) Den Topf vom Herd nehmen. Die Zimtstange entfernen und das Chutney abkühlen lassen.

5 Das Chutney verwenden oder aufbewahren

Wenn das Chutney nicht sofort serviert werden soll, kann es in ein Schraubglas gefüllt und bis zu 2 Wochen im Kühlschrank aufbewahrt werden. Das Chutney kalt oder bei Zimmertemperatur servieren.

2 große Stücke Ingwerwurzel

1,5 kg vollreife Pfirsiche

1 EL Rapsöl

½ Zwiebel, gewürfelt (siehe Seite 30)

2 Knoblauchzehen, gehackt (siehe Seite 34)

1 milde grüne Chili, entkernt und gehackt (siehe Seite 40)

100 g brauner Zucker

80 ml Apfelessig

7,5-cm-Stück Zimtstange

ERGIBT ETWA 950 G

PROFITIPP

Kaufen Sie für das Chutney vollreife Pfirsiche zu ihrer Saison. Sie haben eine schönere Farbe als frühe Pfirsiche, und die Haut lässt sich leichter abziehen.

EMPFEHLUNG

Zu gegrilltem oder gebratenem Hühnchen, zu Schweinekoteletts, als Beilage zu indischen Gerichten oder als Brotaufstrich.

Cranberry-Limetten-Relish

Ein Relish ist eine englische Gewürzsauce, die gerne zu gegrilltem Fleisch und Fisch oder zu indischen Currys gereicht wird. Diese leuchtend rote, süßsaure Sauce ist eine gute Alternative zu den eingemachten Preiselbeeren, die zum Festtagsbraten serviert werden.

375 g frische Cranberrys

2 Limetten

220 g Ahornsirup oder brauner Zucker

ERGIBT ETWA 500 ML

PROFITIPP

Ganze Cranberrys sind tiefgekühlt erhältlich. Am besten sollten jedoch frische Früchte verwendet werden, da diese mehr Biss haben als aufgetaute.

1 **Die Cranberrys waschen und verlesen**
Die Cranberrys in ein Sieb geben und unter fließend kaltem Wasser abspülen. Alle schrumpeligen oder weichen Früchte aussortieren.

2 **Die Limetten abreiben und ausdrücken**
Eine ausführliche Anleitung zum Auspressen von Zitrusfrüchten finden Sie auf Seite 35. Die Limettenschale abreiben, dabei darauf achten, dass die weiße Innenhaut nicht mit abgerieben wird, da diese sehr bitter schmeckt. Beiseitestellen. Die Limetten quer durchschneiden und mit einer Zitruspresse gründlich ausdrücken. (Sie benötigen etwa 3-4 Esslöffel Saft.)

3 **Die Zutaten zerkleinern und mixen**
Ahornsirup und Limettensaft in die Küchenmaschine geben. Mit der Intervallschaltung mehrmals kurz durchmischen. Cranberrys und Limettenschale zufügen und alles so lange mixen, bis die Cranberrys grob gehackt sind. Das Relish in eine Glasschüssel füllen, abdecken und mindestens 2 Stunden in den Kühlschrank stellen, damit sich die Aromen entfalten können.

4 **Abschmecken**
Das Relish sollte intensiv nach Cranberrys mit einem leichten Hauch von Limette schmecken. Ist es zu säuerlich, rühren Sie noch etwas Zucker ein. Schmeckt es zu mild, kann mit etwas Limettensaft nachgewürzt werden.

5 **Das Relish servieren oder aufbewahren**
Das Relish zimmerwarm servieren oder abdecken, mindestens 2 Stunden im Kühlschrank durchziehen lassen und kalt servieren. Es hält sich bis zu 1 Tag im Kühlschrank.

EMPFEHLUNG
Als Beilage zu gebratenem oder geräuchertem Geflügel oder Schweinefleisch.

Zaziki

Zaziki ist eine griechische Joghurt-Gurken-Sauce, die hervorragend zu gegrillten Lammkoteletts und Fleischspießen passt. Damit sie nicht wässrig wird, sollten Joghurt und Gurken gut abtropfen. Besonders cremig wird Zaziki, wenn es mit griechischem Joghurt zubereitet wird, der 10 % Fett enthält und nicht abtopfen muss.

1 Den Joghurt abgießen (falls nötig)
Griechischer Joghurt muss nicht abgegossen werden. Falls Sie Naturjoghurt verwenden, legen Sie ein feines Sieb mit einer doppelten Lage Musselintuch aus und lassen es am Rand überhängen. Das Sieb über eine Schüssel hängen, die so tief ist, dass zwischen Sieb und Schüssel 5 cm Platz bleiben. Den Joghurt ins Sieb füllen. Das Tuch über den Joghurt falten und mit einem kleinen Teller beschweren. Die Schüssel mit Sieb und Joghurt in den Kühlschrank stellen und 3–4 Stunden abtropfen lassen, bis noch etwa 375 g Joghurt übrig sind. Die Flüssigkeit aus der Schüssel kann weggegossen werden. Den Joghurt in eine saubere Schüssel füllen.

2 Die Gurken vorbereiten
Die Gurken schälen, längs halbieren und mit einem Teelöffel die Kerne herausschaben. Die Gurken grob raspeln, in ein Sieb geben und mit der Hälfte des Salzes mischen. Etwa 10 Minuten abtropfen lassen. Das Salz entzieht den Gurken überschüssiges Wasser und Bitterstoffe. Die Gurkenraspel unter fließendem, kaltem Wasser abspülen und gut ausdrücken.

3 Die Zutaten verrühren
Die Gurken zum Joghurt geben. Dill und Knoblauch zufügen und alles gut verrühren. Die Schüssel mit Frischhaltefolie abdecken und mindestens 2 Stunden in den Kühlschrank stellen, damit sich die Aromen entfalten.

4 Abschmecken
Das Zaziki mit dem restlichen Salz und dem Pfeffer abschmecken.

5 Servieren oder aufbewahren
Gekühltes Zaziki schmeckt wunderbar zu heißen, gegrillten Speisen. Wenn das Zaziki nicht sofort serviert wird, kann es in einem luftdicht verschließbaren Behälter bis zu 2 Tage im Kühlschrank aufbewahrt werden.

750 g griechischer Joghurt oder Naturjoghurt

2 Salatgurken

1 TL Salz

2 EL frisch gehackter Dill oder Minze

2 Knoblauchzehen, fein gehackt
(siehe Seite 34)

¼ TL frisch gemahlener schwarzer Pfeffer

ERGIBT ETWA 500 G

PROFITIPP
Verwenden Sie für Joghurtsaucen qualitativ hochwertigen Naturjoghurt ohne Stabilisatoren oder Gelatine. Joghurt ohne Stabilisatoren wird nach dem Abtropfen wunderbar cremig, während Produkte mit Stabilisatoren eine harte Konsistenz annehmen.

EMPFEHLUNG
Als Sauce zu gegrilltem oder gebratenem Fleisch, als Dip zu Rohkost und Brot, zum Beispiel Fladenbrot.

Meerrettichsauce mit Schnittlauch

Diese cremig-scharfe Meerrettichsauce wird sehr gerne zu Roastbeef oder Lachs serviert. Für das klassische Rezept wird Schlagsahne verwendet. Hier wurde diese durch saure Sahne ersetzt, damit die Sauce etwas frischer schmeckt und auf heißen Speisen nicht so leicht zerläuft.

100 g frischer Meerrettich oder
60 g geriebener Meerrettich aus dem Glas

1 Bund frischer Schnittlauch

500 g saure Sahne

¼ TL Salz

¼ TL frisch gemahlener schwarzer Pfeffer

ERGIBT ETWA 500 ML

PROFITIPP

Meerrettich hat im März und April Saison und ist in dieser Zeit in Supermärkten und auf dem Wochenmarkt meist in sehr guter Qualität erhältlich.

1 Den Meerrettich vorbereiten

Mit einem scharfen Messer den Meerrettich schälen und fein reiben. (Sie benötigen etwa 50 g Meerrettich.) Wer empfindliche Augen hat, sollte das Gesicht beim Reiben vom Meerrettich abwenden und auch den intensiven Geruch nicht einatmen.

2 Den Schnittlauch schneiden

Den Schnittlauch mit einem Messer oder einer Küchenschere in Stücke schneiden. Die Röllchen sollten etwa 5–6 mm lang sein, damit die Sauce etwas Biss bekommt. (Sie benötigen etwa 3 EL Schnittlauchröllchen.)

3 Die Zutaten verrühren

In einer Schüssel saure Sahne und Schnittlauch verrühren. Nach und nach den Meerrettich einrühren, bis die Sauce eine angenehme Schärfe hat. Sie sollte zwischendurch immer wieder probiert werden; bedenken Sie auch, dass sich das Meerretticharoma verstärkt, wenn die Sauce durchzieht. Salz und Pfeffer zugeben und gut vermengen. Die Schüssel mit Frischhaltefolie abdecken und mindestens 4 Stunden im Kühlschrank durchziehen lassen. Etwa 1 Stunde vor dem Servieren aus dem Kühlschrank nehmen.

4 Abschmecken

Direkt vor dem Servieren die Sauce abschmecken. Die Schärfe des Meerrettichs und das Schnittlaucharoma sollten einen ausgewogenen Kontrast zur cremigen, sauren Sahne bilden.

5 Die Sauce servieren oder aufbewahren

Falls die Sauce nicht sofort serviert wird, kann sie abgedeckt bis zu 2 Tage im Kühlschrank aufbewahrt werden.

EMPFEHLUNG

Zu Roastbeef, gegrilltem oder pochiertem Lachs, als Dip zu Kartoffelchips oder Folienkartoffeln, als Brotaufstrich zu Fleischaufschnitt.

Küchenutensilien

Teure Spezialutensilien braucht man zur Zubereitung von Saucen nicht. Fast alle gelingen mit der Grundausstattung, die sich in jeder Küche findet. Einige Utensilien, die in diesem Buch verwendet werden, erleichtern Ihnen die Arbeit etwas, beispielsweise ein flacher Schneebesen, der zum Anrühren von Saucen und Mehlschwitzen verwendet wird. Am wichtigsten ist es aber, dass Sie mit den Utensilien, die Sie verwenden, gut zurechtkommen.

Zum Kochen sollten Sie Töpfe aus Edelstahl, eloxiertem Aluminium, emailliertem Gusseisen oder beschichtetem Kupfer verwenden. Unbeschichtetes Gusseisen und Aluminium sind ungeeignet, da sie mit Eiern und säurehaltigen Zutaten reagieren und Farbe oder Geschmack an Speisen abgeben können.

Töpfe für Brühen und Saucen

Ein Topf zur Zubereitung von Brühe sollte eher hoch als breit sein, damit das Wasser nicht zu schnell verdunstet. Ein Fassungsvermögen von 10–12 Litern reicht völlig aus, für kleinere Mengen genügt auch ein größerer Schmortopf.

Für Saucen, die mit dem Schneebesen zubereitet werden, sollte ein Topf mit 2,5–3 Litern Volumen verwendet werden. Ideal ist eine konische Sauteuse, also ein abgerundeter Topf, da sich in diesem Mehlschwitze oder Sauce nicht an dem Falz absetzen und anbrennen können.

Pfannen und Bräter

Bräter sollten keinen allzu hohen Rand haben, damit die Ofenhitze gleichmäßig um die Speisen zirkulieren kann. Für viele Gerichte genügt ein Bräter von 30 cm x 35 cm x 5 cm Größe. Für Truthahn und große Bratenstücke ist ein etwas größerer Bräter erforderlich.

In einer Pfanne mit geradem, hohem Rand können Sie auch größere Mengen Bratensauce herstellen. In Pfannen mit abgeschrägtem Rand lässt sich das Gargut leichter wenden und gewürfeltes Gemüse besonders gut anbraten. Unbeschichtete Pfannen sind für Bratensaucen vorteilhafter als beschichtete, da sich in ihnen mehr Bratensatz bildet, der zur Herstellung der Sauce gebraucht wird.

Löffel

Einen Schaumlöffel oder einen großen, flachen Löffel brauchen Sie zum Abschöpfen von Brühe oder zum Herausheben größerer Stücke aus Flüssigkeiten. Zum Entfetten von Brühe und Saucen genügt auch ein Esslöffel. Zum Rühren von Saucen verwendet man meist Holzkochlöffel, weil sich an der Art, in der die Sauce am Löffel haften bleibt, deren Konsistenz gut beurteilen lässt. Mit einem Holzspatel mit gerader Unterkante kommt man auch in den Falz am Topfboden, außerdem kann man damit nach dem Deglacieren den Bratensatz aus Pfannen lösen, ohne sie zu zerkratzen.

Fetttrenner

Gießt man den Fleischsaft aus einem Bräter in einen Fetttrenner und lässt ihn einige Minuten ruhen, steigt das Fett nach oben. Weil die Tülle weit unten angesetzt ist, lässt sich dann der reine Fleischsaft leicht ausgießen und das Fett bleibt in dem Glasbehälter zurück. Für große Braten ist ein Fetttrenner mit 1 Liter Fassungsvermögen sinnvoll, für kleinere Braten genügt auch ein Gefäß mit 500 ml Fassungsvermögen.

Hitzebeständige Silikonspatel

Diese Spatel sind hitzebeständig bis zu 290 °C und eignen sich auch zum Umrühren heißer Speisen.

Siebe

Siebe braucht man, um Saucen abzuseihen und zu passieren. Man sollte Siebe in zwei unterschiedlichen Größen besitzen. Die Maschengröße hat Einfluss auf die Konsistenz der Sauce. Um Saucen mit feiner Konsistenz zu erhalten, verwendet man am besten ein feinmaschiges Spitz- oder Haarsieb.

Schneebesen

Schneebesen gibt es für verschiedene Zwecke in unterschiedlichen Formen. Runde Ballon-Schneebesen eignen sich hervorragend, um viel Luft unter Sahne oder Eischnee zu schlagen. Mit einem länglichen, schlanken Schneebesen kann man Zutaten direkt im Topf mischen oder glatt rühren. Ein flacher, flexibler Schnee- oder Spiralbesen ist ideal, um eine Mehlschwitze in der Pfanne oder dem Bräter herzustellen. Damit kann man festsitzende Mehl- und Butterreste vom Topfbodenrand lösen.

Zum Servieren

Eine Saucenkelle ist praktisch, um die Sauce genau dosieren zu können. Saucieren sollten in 2 Größen vorhanden sein: eine für kleinere Mengen und eine größere, die genügend Sauce für beispielsweise Braten fasst.

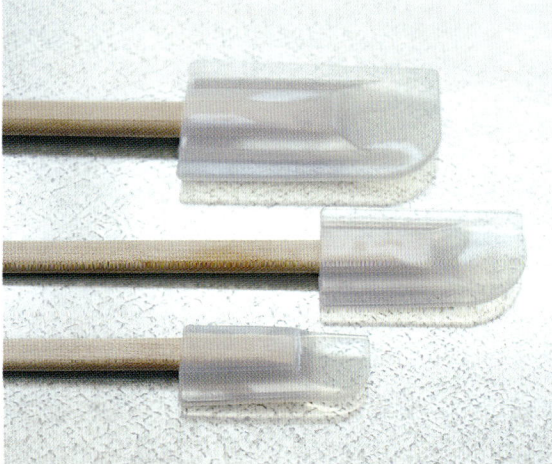

Zum Pürieren

Manche Saucen erhalten ihre sämige Konsistenz durch pürierte Zutaten. Zum Zerkleinern und Mischen von Zutaten ist ein Mörser mit Stößel praktisch. Bequemer lassen sich Zutaten mit elektrischen Küchenhelfern zerkleinern und pürieren. Eine Küchenmaschine kann zur Zubereitung von Mayonnaise, aber auch für Pesto und Salsa verwendet werden. Cremesaucen und glattes Pesto gelingen auch im Standmixer, zur Herstellung von Salsa ist er aber nicht empfehlenswert, da die Zutaten zu fein zerkleinert werden. Ein elektrisches Handrührgerät ist praktisch, um Sahne und Eischnee steif zu schlagen oder Essig und Öl zu verrühren. Es spielt dabei keine Rolle, ob das Handrührgerät einen großen oder zwei kleinere Rührbesen besitzt.

Messer

Empfehlenswert sind ein größeres Kochmesser (zum Hacken von Gemüse, Kräutern und anderen Zutaten) und ein Schälmesser (z. B. zum Häuten von Tomaten oder Entkernen von Chilis). Eine Küchenschere ist praktisch zum gröberen Zerkleinern von Kräutern.

Zum Hacken von Geflügelknochen für eine Brühe verwenden Sie am besten ein Küchenbeil, notfalls genügt auch eine Geflügelschere. Asiatische Küchenbeile haben eine dünne Klinge und werden zum Schneiden von Fleisch und Gemüse verwendet.

Praktisch, aber nicht unbedingt notwendig sind ein Sparschäler und ein Tomaten- oder Brotmesser. Ein Filetiermesser mit schmaler, flexibler Klinge ist nützlich zum Filetieren von Fisch, wenn beispielsweise die Gräten für einen Fond verwendet werden sollen. Auch andere empfindliche Zutaten lassen sich damit gut schneiden. Welches Messer Sie auch verwenden: Schneiden Sie grundsätzlich auf einem Schneidebrett aus Holz oder Kunststoff.

Für Käse und Zitrusfrüchte

Eine Kastenreibe hat auf jeder Seite unterschiedlich geformte Reiben in verschiedenen Größen, mit denen man Zutaten grob oder fein raspeln und hobeln kann. Eine feine Reibe ist praktisch für Hartkäse, beispielsweise Parmesan, und zum Abreiben der Zitrusschale. Zitruspressen gibt es in verschiedenen Ausführungen. Wenn man nur eine kleine Menge Saft braucht, ist eine kleine Handpresse aus Holz, die man in die Frucht hineindrückt und dreht, völlig ausreichend.

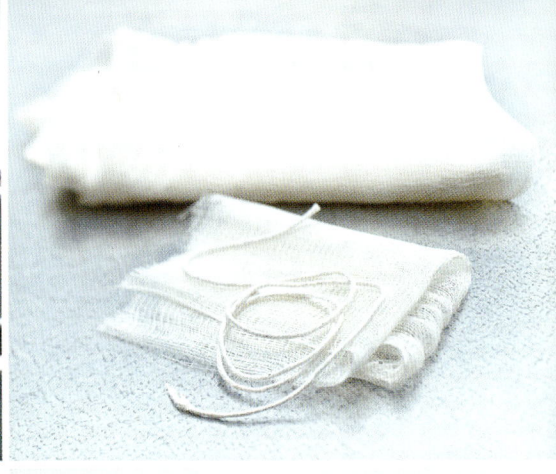

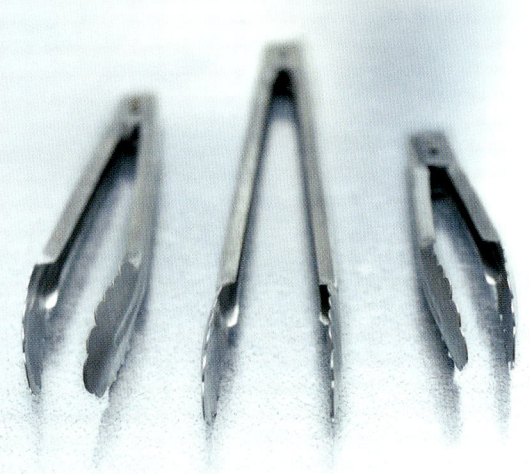
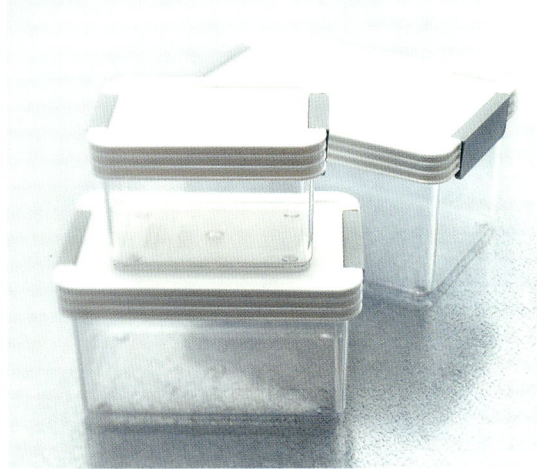

Zum Abmessen

Zum genauen Abmessen flüssiger und fester Zutaten brauchen Sie mehrere Hilfsmittel. Für Flüssigkeiten empfiehlt sich ein Messbecher, möglichst aus hitzebeständigem Glas. Trockenzutaten kann man ebenfalls im Messbecher oder in Messlöffeln abmessen oder auf einer Küchenwaage abwiegen. Weitere Tipps zum Abmessen der Zutaten für Saucen finden Sie auf Seite 12.

Kleine Schüsseln

Kleine Glasschüsseln oder Dessertförmchen aus Keramik sind praktisch zum Aufbewahren abgemessener Zutaten während der Zubereitung der Sauce. Keramikförmchen sind hitzebeständig und können auch zur Zubereitung kleiner Soufflés oder gebackener Desserts verwendet werden.

Rührschüsseln

Schüsseln aus gehärtetem Glas oder Edelstahl sind vorteilhafter als Kunststoffschüsseln, da sich an ihnen keine Fette oder Aromen ablagern können. Metallschüsseln kann man auch für ein Wasserbad verwenden, beispielsweise bei der Zubereitung einer Sauce hollandaise.

Küchenzangen

Eine mittelgroße Zange zum Wenden von Gargut auf dem Grill oder in der Pfanne gehört in jede Küche. Mit einer langen Zange kann man auch das Bouquet garni aus einer Brühe entfernen.

Gewürzsäckchen

Gewürze, die nicht mitgegessen werden, bindet man in ein Musselintuch ein, um sie nach der Garzeit leicht aus dem Topf entfernen zu können. Damit der Stoff nicht zu viel Brühe oder andere Garflüssigkeit aufsaugt, wird er vor der Verwendung ausgespült und ausgewrungen. Zum Zusammenbinden verwenden Sie am besten Küchengarn.

Zum Aufbewahren

Im Voraus zubereitete Saucen sollten in luftdicht verschließbare Behälter gefüllt werden, damit sie keine Fremdaromen annehmen. Falls Sie die Sauce einfrieren möchten, sollten sie gefriergeeignete Behälter verwenden. Heiße Saucen sollten vor dem Umfüllen in den Behälter auf Zimmertemperatur abgekühlt sein. Kleben Sie kleine Schilder mit dem Namen der Sauce und dem Zubereitungsdatum auf den Deckel des Behälters, damit sie diesen nicht öffnen müssen, um zu prüfen, um welche Sauce es sich handelt.

Glossar

AHORNSIRUP Wird durch Einkochen von Ahornsaft hergestellt. Durch Verdampfen des Wassers entsteht ein Sirup, der anstatt braunem Zucker verwendet werden kann. Ahornsirup wird in verschiedenen Qualitäten in Supermärkten, Drogeriemärkten und Reformhäusern angeboten.

BOUQUET GARNI Französischer Ausdruck für ein Säckchen aus Musselin, in dem Kräuter und Gewürze zusammengebunden werden. Das Bouquet garni wird zur Brühe oder Sauce gegeben und kann nach der Zubereitung leicht entfernt werden.

BOURBON-WHISKY Ein Whisky mit leicht süßlichem Geschmack, der hauptsächlich aus Mais destilliert wird. Benannt wurde er nach einem Gebiet in Kentucky in den USA, wo er produziert wird.

BRATENTHERMOMETER Ein Thermometer mit einer langen, dünnen Nadel, die man in die Speisen (hauptsächlich in Fleisch) steckt, und einer Anzeige, an der man die Kerntemperatur der Speise ablesen kann. Anhand der Kerntemperatur kann man feststellen, ob die jeweilige Speise gar ist.

BUTTER
Butter wird aus süßem Rahm oder Sauerrahm hergestellt, der ein Großteil der Flüssigkeit entzogen wird. (Der Wassergehalt darf 16 % nicht überschreiten.) Zum Kochen sollte ungesalzene Butter verwendet werden, um den Salzgehalt des Gerichts im Überblick behalten zu können. Ungesalzene Butter ist zudem meist frischer, da das zugesetzte Salz auch dazu dient, die Haltbarkeit zu verlängern. In der Originalverpackung ist Butter im Kühlschrank etwa 6 Wochen haltbar.

CHILIS
Frische Chilis gibt es in vielen verschiedenen Größen, Farben und Schärfegraden. Kaufen Sie nur makellose Früchte mit fester Haut und kräftiger Färbung. Das in Chilies enthaltene Capsaicin ist in besonders hoher Konzentration in den Kernen und Rippen im Inneren der Frucht enthalten und verleiht den Chilies ihre Schärfe. Es kann auch zu Hautreizungen führen, weswegen Sie bei der Verarbeitung von Chilies möglichst Einweghandschuhe tragen sollten und, zur Sicherheit, Hände und verwendete Küchenutensilien gut waschen sollten. Wenn Sie es nicht so scharf mögen, können Sie die Kerne und Rippen der Chili entfernen, bevor sie den Speisen zugefügt wird.

CHILISAUCE Gibt es in scharfen und eher milden Variationen. Die asiatischen Chilisaucen sind meist scharf und süß. Chilisaucen, die als Grillsaucen angeboten werden, bestehen aus Tomaten, Chilipulver, Zwiebeln, grünen Paprikaschoten, Essig, Zucker und Gewürzen und erinnern an Ketchup. Für die Rezepte in diesem Buch benötigen Sie letztere Sorte.

CIDRE
Aus vergorenen Äpfeln hergestellter Schaumwein. Der französische CIDRE hat einen Alkoholgehalt von etwa 4 % und wird als herbe oder süße Sorte angeboten. Englischer CIDER schmeckt etwas herber und hat, je nach Sorte, einen Alkoholgehalt von bis zu 7 %. Es gibt auch Cidre-Sorten, die aus einer Mischung aus Äpfeln und Birnen hergestellt werden. Der deutsche Apfelwein hat einen Alkoholgehalt von etwa 5,5 % und schmeckt etwas säuerlicher als Cidre.

CORNICHONS Kleine, feste Gurken, die in einem gewürzten Essigsud eingelegt werden. Cornichons sind etwas kleiner und schmecken herzhafter als Gewürzgurken.

EIER Für manche Saucen, beispielsweise bei einer Hollandaise, werden Eier roh verwendet. Grundsätzlich können rohe Eier mit Salmonellen und anderen Bakterien belastet sein, die zu einer Lebensmittelvergiftung führen können. Besonders gefährdet sind Kinder, ältere Menschen, schwangere Frauen und Personen mit geschwächtem Immunsystem. Wer Zweifel hat, sollte Eier nicht roh verzehren, sondern auf ein pasteurisiertes Ersatzprodukt ausweichen. Durch kurzes, leichtes Erhitzen der rohen Eier (30 Sekunden auf 71 °C oder 3 Minuten auf 60 °C) lässt sich das Salmonellenrisiko umgehen.

ESSIG
Es gibt viele Essigsorten, die aus verschiedenen Rot- oder Weißweinen oder aus Früchten oder Getreide hergestellt werden. Oft werden sie zusätzlich mit Kräutern, Früchten, Knoblauch oder anderen Zutaten aromatisiert.

Apfelessig Ein fruchtiger Essig, der aus Apfelmost hergestellt wird. Er wird naturtrüb und gefiltert (klar) angeboten.

Balsamico Dieser dunkelbraune, dickflüssige Essig wird aus dem Most der weißen Trebbiano-Trauben hergestellt und, je nach Sorte, zwischen 1 und 75 Jahren gelagert. Dadurch wird der Essig allmählich milder und süßer. Balsamico ist eine Spezialität der italienischen Region Emilia-Romagna. Der echte Balsamico stammt aus der Stadt Modena und wird meist unter dem Namen „Aceto Balsamico tradizionale di Modena" vermarktet. Er muss vor der Abfüllung mindestens 12 Jahre in Holzfässern lagern.

Himbeeressig Hergestellt durch Ausziehen von Himbeeren in Essig. Der leuchtend rote, milde Essig wird sehr gerne für Vinaigrettes verwendet.

Kräuteressig Weißweinessig, der mit Kräutern, beispielsweise Estragon, und Gewürzen aromatisiert wird.

Reisessig Eine wichtige Zutat der asiatischen Küche. Er wird aus Reiswein hergestellt und verleiht den Gerichten eine feine Säure. Er eignet sich hervorragend zum Verfeinern von zartem Gemüse und kann sehr gut zum Kochen verwendet werden. Es wird als weißer, roter und schwarzer Reisessig angeboten. Wählen Sie lieber die helle Sorte, da diese milder schmeckt und geschmacksneutral ist. Weißer Reisessig kann problemlos durch Sherry-Essig ersetzt werden.

Rotweinessig Dieser wird durch monatelange natürliche Vergärung von Rotwein hergestellt. Er hat eine sehr kräftige rote Farbe und schmeckt etwas aromatischer als Weißweinessig.

Sherry-Essig Vollmundiger Essig mit etwas nussigem Geschmack, der in Eichenfässern reift. Schmeckt ausgezeichnet zu Gemüse und in Salatdressings.

Weißweinessig Er wird durch monatelange natürliche Vergärung von Weißwein hergestellt und darf in keiner Küche fehlen.

HOISIN-SAUCE Die würzig-süßliche, braune Sauce aus fermentierten Sojabohnen ist mit Fünf-Gewürze-Pulver, Knoblauch und getrockneter Chili gewürzt. Man erhält sie in gut sortierten Supermärkten und asiatischen Lebensmittelgeschäften. Auch nach dem Öffnen der Flasche hält sie sich im Kühlschrank sehr lange. Eine vielseitige Würzsauce, die pur verwendet oder unter andere Saucen gerührt werden kann, um deren Geschmack und Farbe zu verbessern.

INGWER Wenngleich man meist von Ingwerwurzel spricht, handelt es sich eigentlich um ein Rhizom (einen unterirdischen Spross) mit knorriger Form und hellbrauner Schale. Das harte Innere wird gerieben oder fein gehackt und hat einen süßlich-scharfen, frischen Geschmack. Nur feste, schwere Stücke mit glatter, unversehrter Schale kaufen.

JOGHURT, GRIECHISCHER Dieser Joghurt hat einen höheren Fettgehalt (10 %) als herkömmlicher Naturjoghurt, ist relativ stichfest und muss nicht abgegossen werden. Griechischer Joghurt ist in Supermärkten erhältlich.

KAPERN Die noch geschlossenen Blütenknospen eines Strauchs aus dem Mittelmeerraum. Die Knospen werden getrocknet und meist in einer Salz- oder Essiglake oder in grobem Meersalz eingelegt. Sie sollten vor der Verwendung abgespült und abgetropft werden. Besonders zart sind die kleinen Nonpareilles-Kapern aus Frankreich.

KARTOFFELN, NEUE (auch Frühkartoffeln) Junge, knapp reif geerntete Kartoffeln, meist mit heller oder rötlicher Schale (Achtung: Nicht alle rotschaligen Kartoffeln sind Frühkartoffeln!). Sie enthalten wenig Stärke und halten sich nicht lange. Einheimische Frühkartoffeln haben im Frühsommer Saison.

KÄSE

Kaufen Sie Käse möglichst im Fachgeschäft, wo Sie verschiedene Sorten probieren können, ehe Sie sich entscheiden. Käse in Wachspapier, Back- oder Pergamentpapier verpackt aufbewahren, damit er atmen kann, und in einem weniger kühlen Bereich des Kühlschranks verstauen, also im obersten Fach oder der Tür.

Emmentaler Ein Hartkäse, der aus der Schweiz stammt und mittlerweile auch in anderen Ländern hergestellt wird. Der deutsche Emmentaler stammt meist aus dem Allgäu. Er wird aus Rohmilch hergestellt und, je nach Sorte, zwischen 3 und 14 Monaten gereift.

Gorgonzola Ein italienischer Blauschimmelkäse aus Kuhmilch mit cremiger Konsistenz und angenehm pikantem Geschmack. Junger Gorgonzola ist sahnig, weich und mild. Er wird unter Bezeichnungen *dolcelatte* oder *dolce* angeboten. Gereifter Gorgonzola, *naturale* genannt, hat ein wesentlich kräftigeres Aroma.

Gruyère (auch Greyerzer) Ein halbfester Schnittkäse aus Kuhmilch, der in Frankreich und der Schweiz hergestellt wird. Der Geschmack ist mild und nussig. Gruyère eignet sich gut zum Überbacken.

Parmigiano Reggiano Der „echte" Parmesan wird aus teilentrahmter Kuhmilch hergestellt und reift lange, bis er hart ist und sich gut reiben lässt. Der Geschmack ist pikant-salzig. Produziert wird er in der Emilia Romagna in Norditalien. Man erkennt ihn am Schriftzug „Parmigiano Reggiano" auf der Rinde.

Pecorino Romano Ein italienischer Hartkäse, der aus Schafsmilch hergestellt wird. Er hat eine körnige Konsistenz und einen salzig-würzigen Geschmack. Pecorino wird gerne gerieben, als Alternative zu Parmesan serviert.

Roquefort Der berühmte Blauschimmelkäse aus Frankreich wird aus Schafsmilch hergestellt. Während der Reifung werden ihm spezielle Edelpilzkulturen zugesetzt, die für die feine, blaue Äderung im Inneren verantwortlich sind. Er ist hell, saftig und

bröselig, und sein Geschmack ist intensiv, salzig und etwas pfeffrig.

KNOBLAUCH Kaufen Sie nur dicke, feste Knollen ohne braune Verfärbungen. Knoblauch nur hell goldbraun anbraten. Wird er dunkler, kann er schnell bitter schmecken.

KRÄUTER

Mit frischen Kräutern lassen sich Speisen würzen und verfeinern. Getrocknete Kräuter eignen sich zum trockenen Einreiben und zur Herstellung von Marinaden. Frische Kräuter lassen sich leicht in einem Blumentopf auf der Fensterbank ziehen. In feuchtes Küchenpapier und einen Gefrierbeutel verpackt halten sie sich 3 bis 5 Tage im Kühlschrank.

Basilikum Dieses aromatische Kraut wird im Mittelmeerraum und in Asien verwendet. Es gibt eine Reihe verschiedener Sorten, darunter grünes Genoveser Basilikum, rotblättriges Basilikum und Thai-Basilikum mit einem leichten Anisgeschmack.

Dill Die feinen Dillstängel haben einen ausgeprägten Anisgeschmack. Dill wird sehr gerne zum Aromatisieren von Fischgerichten und feinen Saucen verwendet.

Estragon Das Würzkraut mit den schmalen, dunkelgrünen Blättern und dem feinen Anisduft ist in Frankreich in vielen Kräutergärten zu finden. Neben Schnittlauch, Petersilie und Kerbel ist es ein Bestandteil der klassischen *fines herbes*-Mischung, die vorzugsweise für Fisch- und Geflügelgerichte verwendet wird.

Koriander Frische Korianderblätter haben einen pikant-herben Geschmack. Koriander wird in Süd- und Mittelamerika, Indien, Asien sowie im Nahen Osten sehr häufig verwendet. Wer mit dem Geschmack nicht vertraut ist, sollte ihn zuerst sparsam dosieren. Am besten kurz vor dem Servieren zugeben, weil sich beim Mitgaren der Geschmack verliert. Die Blätter ähneln von ihrer Form der glatten Petersilie, deshalb sollten Sie beim Einkauf darauf achten, die Kräuter nicht zu verwechseln.

Lorbeerblätter Die länglichen, graugrünen Blätter geben Saucen und anderen Gerichten eine süßlich-nussige Würze mit einem

Anklang an Zitrone. Sie werden meist getrocknet verkauft. Vor dem Servieren sollten sie entfernt werden, da sie nicht mitverzehrt werden sollten.

Minze Dieses sehr frisch schmeckende Kraut gibt es in vielen Sorten, von denen Krauseminze die bekannteste ist. Minze wird nicht nur zum Aromatisieren von Süßspeisen verwendet, sondern verleiht auch Saucen und herzhaften Gerichten eine feine Note.

Petersilie Man unterscheidet zwischen glatter und krauser Petersilie. Viele bevorzugen die glatte wegen ihres intensiveren Geschmacks. Das zarte Petersilienaroma passt zu verschiedenen Gerichten.

Rosmarin Der Rosmarinstrauch stammt aus dem Mittelmeerraum. Die nadelfeinen Rosmarinblätter haben ein wunderbares, etwas harziges Aroma und verleihen sowohl Fleischgerichten aller Art als auch Fisch- und Gemüsegerichten ein wunderbares Aroma. Rosmarin sollte sparsam dosiert werden, da er einen sehr intensiven Geschmack hat.

Salbei Die weichen, graugrünen Blätter haben einen süßlich-herben Geschmack. Salbei passt sehr gut zu Geflügel, Schweinefleisch, Wild- und Gemüsegerichten.

Schnittlauch Dieser verleiht Speisen ein feines Zwiebelaroma. Schnittlauch immer direkt vor dem Servieren zugeben, da er sein Aroma, seinen Biss und seine Farbe verliert, wenn er mitgegart wird.

Thymian Das Kraut mit den winzigen Blättern ist mit seinem pikanten Aroma sehr universell einsetzbar. Es passt zu Fleisch, Gemüse und Salaten. Die Blätter können von oben nach unten mit einer zügigen Bewegung von den Stielen abgestreift werden. Junge Stiele sind zart und können mit den Blättern gehackt werden. Ältere Stiele verholzen und sollten keinesfalls verwendet werden.

KÜRBISKERNE Die Kerne haben eine grüne Schale und einen schönen nussigen Geschmack, der beim Rösten intensiver wird. Sie werden mit Schale oder geschält angeboten.

MADEIRA Ein Dessertwein aus Portugal, der in verschiedenen Varianten – von trocken bis süß – erhältlich ist.

MANGO Eine süße, saftige Frucht, die in tropischen Ländern angeboten wird. Kaufen Sie Früchte mit glatter Haut, deren Stielende duftet. Reife Mangos geben auf leichten Druck etwas nach.

MEDAILLONS Runde, zarte Fleischscheiben ohne Knochen vom Rind, Schwein, Lamm oder Kalb, meist aus dem Filet. Sehr gut geeignet zum schnellen Grillen oder Braten.

MEERRETTICH Die dicken, knorrigen Wurzeln einer Pflanze aus der Familie der Kohlgewächse. Frische Meerrettichwurzel muss geschält werden, danach kann man das weiße Innere reiben. Der Geschmack ist frisch und scharf. Fertig geriebener Meerrettich ist in Gläsern erhältlich.

MELASSE Ein Nebenprodukt der Zuckerraffinerie, erhältlich in Hell, Braun und nahezu Schwarz. Wird verwendet, um manchen Saucen eine kräftigere Farbe und einen süßlichen Geschmack zu geben.

NICHT-REAKTIV Oberbegriff für Kochgeschirr, das aus einem Material besteht oder mit einem Material beschichtet ist, das nicht mit säurehaltigen Lebensmitteln reagiert: Edelstahl, Emaille, Keramik und Glas.

NÜSSE Können pur gegessen oder auch verkocht werden. Nüsse verleihen verschiedenen Gerichten Geschmack und Biss. Sie enthalten wichtige Nährstoffe. Für Saucen werden sie meist fein zerkleinert, beispielsweise in Pesto. Weil sie viel Fett enthalten, können sie schnell ranzig werden. Im Kühlschrank halten sie sich 3 bis 6 Monate.

Mandeln Der Kern einer Frucht, die mit Pfirsichen verwandt ist. Mandeln haben eine spitz-ovale Form und ein sehr feines Aroma. Angeboten werden sie mit Schale oder ohne Schale, abgezogen, gehackt, gehobelt, in Stiften, neutral, geröstet und gesalzen.

Pinienkerne Die kleinen, länglichen Samen der Pinie, die in den Zapfen sitzen. Der Geschmack ist süßlich-harzig. Pinienkerne

schmecken wegen des hohen Fettgehalts schnell ranzig, weswegen sie nur in kleinen Mengen gekauft werden sollten.

Walnüsse Die gefurchten, zweigeteilten Walnusskerne haben einen kräftigen, würzigen Geschmack. Die hellbraune Schale lässt sich meist leicht knacken. Walnusskerne werden im Ganzen, halbiert und grob gehackt angeboten.

ÖL Öle spielen in der Küche eine wichtige Rolle. Welches Öl sich am besten eignet, richtet sich meist nach den Zutaten und der Gartemperatur des Gerichts. Generell verwendet man für Rohkost unraffinierte, aromatische Öle, während sich zum Garen und Einpinseln eher geschmacksneutrale Öle empfehlen.

Olivenöl Verleiht Speisen einen feinen, fruchtigen Geschmack. Das kalt gepresste native Olivenöl extra sollte wegen seiner hohen Qualität und des hohen Preises der kalten Küche vorbehalten bleiben. Raffinierte Olivenöle schmecken etwas milder und sind sehr viel preiswerter.

Rapsöl Ein gutes, vielseitiges Öl mit neutralem Geschmack und hohem Gehalt an einfach ungesättigten Fettsäuren.

Sesamöl Aus Asien stammendes bernsteinfarbenes Öl mit sehr nussigem Geschmack, das aus gerösteter Sesamsaat gepresst wird. Nur sparsam verwenden.

Sojaöl Ein neutrales Öl, das sich sehr stark erhitzen lässt. Es wird aus Sojabohnen hergestellt.

Walnussöl Sehr aromatisches, dunkelbraunes Öl. Walnussöl wird schnell ranzig, darum am besten nur kleine Mengen kaufen und im Kühlschrank aufbewahren. Weil der Rauchpunkt sehr niedrig liegt, eignet es sich nicht zum Braten.

OLIVEN, KALAMATA Schwärzlich-violette, fleischige Oliven mit kräftigem Geschmack. Werden in Salzlake oder Essig angeboten.

PFEFFERKÖRNER, GRÜNE Die unreifen Samen des schwarzen Pfeffers werden in Lake eingelegt. Sie schmecken sehr pikant und knackig und eignen sich sehr gut zum Verfeinern von Saucen.

PORREE (auch Lauch) Das milde Gemüse aus der Familie der Zwiebelgewächse bildet lange Stangen mit weißem Wurzelende und dunkelgrünen Blättern. Die dunklen Blätter sind hart, darum werden für die meisten Gerichte nur die weißen und hellgrünen Teile verwendet. Kaufen Sie nur feste, makellose, dünne oder mitteldicke Stangen. Weil Porree teilweise unter der Erde wächst, muss er vor der Verwendung sehr gründlich gewaschen werden, um alle Erdreste zwischen den Blättern zu entfernen.

RUCOLA (auch Rauke) Eine Blattpflanze mit pfeffrigem Geschmack, die meist als Würz- und Salatgemüse verwendet wird.

SALZ
Tafelsalz wird oft mit Jod angereichert und manchmal mit Substanzen vermischt, die seine Streufähigkeit verbessern. Deswegen sollte Meersalz bevorzugt werden.

Meersalz Dieses Salz wird in fein- und grobkörnigen Qualitäten angeboten. Gewonnen wird es durch Verdunstung. Der Ort der Salzgewinnung hat Einfluss auf den Geschmack. Die Kristalle lösen sich leicht auf.

SARDELLENPASTE Die Paste wird aus winzigen Sardellen hergestellt und meist in kleinen Tuben verkauft. Sie schmeckt recht salzig, weswegen sie sparsam dosiert werden sollte.

SCHALOTTEN Diese kleinen Verwandten der Zwiebeln sehen aus wie große Knoblauchzehen mit papierartiger, bronzefarbener oder rötlicher Schale. Ihr weißes Fleisch mit violetten Streifen schmeckt etwas milder als das von Zwiebeln.

SENF
Einfacher Senf besteht aus gemahlenen Senfkörnern und Wasser. Senf gibt es in sehr vielen Variationen zu kaufen.

Dijon-Senf Der cremig-feine Senf mit dem herben Geschmack wurde zuerst in der französischen Stadt Dijon hergestellt. Er enthält gemahlene braune oder weiße Senfkörner, Weißwein und Kräuter.

Süßer Senf Der in Bayern bevorzugte süße Senf enthält ganze Senfkörner und hat einen eher süßen Geschmack.

SHIITAKE-PILZE Diese asiatischen Pilze gibt es frisch und getrocknet zu kaufen. Frische Pilze sind beige bis dunkelbraun und haben glatte, rundliche Hüte. Die getrockneten Pilze müssen vor der Verarbeitung einige Zeit in warmem Wasser eingelegt werden. Sowohl bei frischen als auch bei getrockneten Shiitake-Pilzen sollten die harten Stiele vor der Weiterverarbeitung entfernt werden.

SOJASAUCE Die würzige, salzige Sauce aus fermentierten Sojabohnen, Weizen und Wasser wird in verschiedenen Varianten hergestellt.

SPEISESTÄRKE Das feine Mehl aus Maiskörnern oder Kartoffeln wird zum Andicken verwendet und verleiht Saucen einen feinen Glanz, während mit Mehl angedickte Saucen eher matt aussehen. Speisestärke besitzt eine etwa doppelt so starke Verdickungswirkung wie Mehl.

SUPPENKNOCHEN Für das Herstellen von Fleischbrühe empfehlen sich zwei Arten von Knochen: Markknochen (die langen Beinröhrenknochen) sowie Knochen von Hals oder Bein mit einem Anteil Fleisch. Besonders gut geeignet sind Beinscheiben vom Rind, da das Fleisch von Natur aus sehr muskulös ist. Das geschmacksintensive Fleisch verleiht der Brühe ein gutes Aroma. Markknochen steuern kein Fleisch bei, dafür aber Gelierstoffe und das weiche, aromatische und nährstoffreiche Mark aus den Hohlräumen der Knochen.

TABASCO Ein scharfes Konzentrat aus roten Chilischoten und Cayennepfeffer. Ein Spritzer oder wenige Tropfen genügen, um einer Sauce Pepp zu geben. Im Supermarkt im Gewürzregal zu finden. In gut sortierten Geschäften wird neben dem bekannten roten Tabasco auch eine grüne Sorte angeboten, die etwas frischer schmeckt, aber ebenso scharf ist.

TOMATENMARK Ein konzentriertes Püree, das durch Einkochen von Tomaten hergestellt wird. Erhältlich in Tuben, Gläsern und Dosen, neutral und mit Würzzutaten.

WEISSER PFEFFER Schwarze Pfefferkörner, deren Schalen vor dem Trocknen entfernt wurden. Weißer Pfeffer schmeckt milder und weniger aromatisch als schwarzer. Er wird bevorzugt zur Herstellung von hellen Saucen und Dips verwendet.

WORCESTERSAUCE Eine klassische Würzsauce, die aus der englischen Grafschaft Worcestershire stammt. Den intensiven, herzhaften Geschmack verdankt sie u. a. Melasse, Sojasauce, Knoblauch, Zwiebeln und Anchovis.

ZESTEN Schmale, dünne Streifen aus dem farbigen Teil der Schale von Zitrusfrüchten. Man kann die Schale hauchdünn mit dem Messer abschälen und in Streifen schneiden oder ein spezielles Werkzeug dafür verwenden (Zestenreißer oder Zestenschneider). Der bittere, weiße Teil der Schale wird nicht verwendet. Zum Verwerten der Schale sollten Sie nur unbehandelte Zitrusfrüchte verwenden, möglichst aus biologischem Anbau, denn in der Schale reichern sich Pestizide an.

ZWIEBELN
Frühlingszwiebeln Unreife Zwiebeln, die noch keine Knolle gebildet haben. Das Wurzelende ist schlank oder leicht verdickt und weiß, die Blätter sind halmartig hohl und grün. Die milden Zwiebeln schmecken roh, kurz gebraten, gegrillt oder geschmort in verschiedenen Gerichten und können gehackt auch als Garnierung verwendet werden.

Gelbe Zwiebeln Die gängigste Zwiebelsorte, in jedem Supermarkt zu haben. Zum Rohverzehr manchmal zu scharf, aber gegart sehr aromatisch und süßlich.

Weiße Zwiebeln Diese Sorte ist milder als gelbe Zwiebeln.

Register

© genehmigte Lizenzausgabe 2010 by Bassermann Verlag,
einem Unternehmen der Verlagsgruppe Random House GmbH,
81673 München

© der Originalausgabe by Weldon Owen Inc. and Williams-Sonoma Inc.

Die Verwertung der Texte und Bilder, auch auszugsweise, ist ohne
Zustimmung des Verlags urheberrechtswidrig und strafbar. Dies gilt
auch für Vervielfältigungen, Übersetzungen, Mikroverfilmung und für
die Verarbeitung mit elektronischen Systemen.

Umschlaggestaltung: Atelier Versen, Bad Aibling
Übersetzung des englischsprachigen Originals: Wiebke Krabbe, Damlos
Lektorat: trans texas publishing, Köln

Fotos: Mark Thomas, außer: Bill Bettencourt S. 34, S. 36 (zum Thema Ingwer),
S. 40 (Schneiden einer Chili), S. 112, S. 113 (oben), S. 131 (Abbildungen links und rechts oben)

Die Ratschläge in diesem Buch sind sowohl von dem Autor als auch vom Verlag
sorgfältig erwogen und geprüft worden, dennoch kann eine Garantie nicht
übernommen werden. Eine Haftung des Autors bzw. des Verlags und
seiner Beauftragten für Personen-, Sach- und Vermögensschäden ist ausgeschlossen.

Satz und Realisation: trans texas publishing, Köln

Druck: Mohn Media Mohndruck GmbH, Gütersloh

Printed in Germany

Mix
Produktgruppe aus vorbildlich
bewirtschafteten Wäldern und anderen
kontrollierten Herkünften
www.fsc.org Zert.-Nr. SGS-COC-001425
© 1996 Forest Stewardship Council
FSC

Verlagsgruppe Random House FSC-DEU-0100
Das für diesen Titel verwendete FSC-zertifizierte Papier *Allegro halbmatt*
wurde produziert von Sappi Biberist und geliefert durch Berberich.

817 2635 4453 6271